I0764159

# EL SECRETO ADMIRABLE
# DEL
# SANTÍSIMO ROSARIO

# EL SECRETO ADMIRABLE
# DEL
# SANTÍSIMO ROSARIO

POR

SAN LUIS MARÍA GRIGNION
DE MONTFORT

TRADUCIDO DEL FRANCÉS

POR DON ILDEFONSO NORIEGA
Y DON MATÍAS JOVE

REVISADO I ANOTADO

POR EL PADRE NAZARIO PÉREZ, S.J.

ECHO POINT BOOKS & MEDIA, LLC
Brattleboro, Vermont

Published in 2022 by Echo Point Books & Media
Brattleboro, Vermont
www.EchoPointBooks.com

El Secreto del Santo Rosario
ISBN: 978-1-64837-208-7 (casebound)

Cover design by Kaitlyn Whitaker

Cover image: *The Immaculate Heart of Mary,* courtesy of Liturgies.net

# PRÓLOGO

¿Tuvo el Santo Montfort el propósito de publicar este opúsculo, o al menos deseaba que llegara a salir a la luz pública, en la primera oportunidad? No cabe dudar de ello, al leer lo que viene a ser el prefacio de su libro, las tres rosas, puestas aparte, que ofrece a los sacerdotes, a los pecadores y a las almas devotas, y el capullo de rosa que reserva para los benjamines de la familia de Cristo: los niños.

En la primera dice: «Ministros del Altísimo..., permitidme presentaros la rosa blanca de este libro, para poner en vuestro corazón y vuestra boca las verdades que expongo con sencillez... Si yo creyera que la experiencia que Dios me ha dado de la eficacia de la predicación del Santo Rosario para la conversión de las almas pudiera decidiros a predicarlo..., yo os diría las conversiones maravillosas que he logrado mediante su predicación; pero me contento con presentaros en este opúsculo algunos ejemplos antiguos bien comprobados. Únicamente he intercalado en vuestro obsequio algunas citas latinas de buenos autores que demuestran lo que explico al pueblo en francés.»

¿Por qué entonces no se ha publicado el libro hasta ahora? Contestaremos ante todo, y es una razón grave para personas de fe, que la hora de Dios no había llegado.

Ocurre con los libros de los santos, como con los santos mismos, que aparecen en el tiempo preciso, señalado por la Providencia para realizar un gran bien. El Santo Montfort estaba predestinado a combatir el jansenismo al comenzar el siglo XVIII. Su *Tratado de la Verdadera Devoción a la Santísima Virgen*, hallado en la mitad del siglo XIX, debía contribuir a robustecer el movimiento que impele a las almas a María y favorecer el respeto y la confianza hacia tan buena Madre.

Hoy toca el turno a *El Secreto Admirable del Santísimo Rosario*, porque la lucha entre la Inmaculada y Satanás, y entre las razas de la una y del otro, es más enconada que nunca y va a ser más terrible todavía, por lo cual es preciso que nosotros, los fieles soldados de María, empuñemos el arma que ha de darnos la victoria, es decir, el Santo Rosario.

¿Y quién nos predicará el Rosario mejor que Montfort, que fue y es todavía, en expresión de la Iglesia, el «Predicador excelente»? Durante los años de su vida apostólica lo implantó en todas las parroquias en que dio misiones. Sus ejemplos, sus escritos, sus mismas imágenes, nos excitaban ya a amar y practicar una devoción que él estimaba sobremanera. El Santo Montfort apareció siempre a los ojos de todos como el apóstol del Rosario.

Y ahora es preciso, por las circunstancias que atravesamos, que predique por medio de su libro tan amada devoción.

Montfort con su voz recia y elocuente, clamará a los cristianos de nuestros días: «¡A las armas! ¡Tomad con una mano la Cruz y el Rosario con la otra y combatid con valor por la más noble de las causas: por el honor de Dios y la gloria de su Madre!»

Dícese que León XIII, impresionado por la vida y los escritos de Montfort, cuya beatificación preparaba, se sintió vehementemente movido a recomendar a la cristiandad el rezo del Rosario. Efecto análogo ocurrirá a los que lean con fe este libro. El Santo Montfort les hará saborear su devoción predilecta y les inspirará el abrazarla con amor.

Fuera del motivo sobrenatural apuntado, contribuyó a retardar la impresión del *Secreto Admirable* el hecho de que el Santo, al componerlo aprovechara extensamente la obra del dominico Antonino Thomas, impresa en Reims el año 1698, bajo el título de *Rosal místico de la Santísima Virgen,* o *Santo Rosario ideado por Santo Domingo*; porque no solamente tomó las ideas, sino que reprodujo literalmente numerosos pasajes de la misma obra. De ahí que se dudara si convenía editar, al amparo del nombre del Santo Montfort, un trabajo que era debido en parte a otro. Sin embargo, después de larga reflexión, nos hemos decidido a ello. ¿Por qué? Porque el libro que ofrecemos al público es en realidad un trabajo personal de Montfort. El Santo autor escogió de la obra del dominico los pasajes que creía más a propósito para hacer bien y los ordenó más armónicamente. Su libro presenta un aspecto sugestivo y original: es una corona mística, de la que cada capítulo es una rosa. El lector puede así ornar con cincuenta y tres rosas maravillosas la frente de su Soberana.

Montfort ha sacado de una obra un poco farragosa y abultada un compendio suelto y conciso, sembrado de reflexiones prácticas, enriquecido con capítulos enteramente nuevos del Beato Alano de la Roche, etc.

Finalmente, una razón de peso es que, gracias a la influencia de Montfort, las ideas adoptadas por él y recibidas del dominico Antonino Thomas van a tener un tan glorioso destino como seguramente no habría soñado su autor. Bajo el nombre amado y conocido de Montfort, cundirán esas ideas por el mundo entero para alimentar la piedad mariana de innumerables multitudes. Si se editara *El Rosal Místico*, la obscuridad de su autor le proporcionaría un éxito dudoso, mientras que, sin la menor vacilación, predecimos al *Secreto Admirable del Santo Rosario* un éxito cierto y brillante.

Si una persona cualquiera pretendiese hacer un compendio del Rosal místico, un opúsculo más sencillo y adecuado para la generalidad de los fieles, nadie tendría reparo que oponer a ello.

Por el contrario, se alabaría el proyecto y se darían gracias al autor. Pues bien, es un santo el que se ha impuesto ese sacrificio y ha tomado ese trabajo, y por lo tanto hemos de aplaudir su iniciativa. Publicar su *Secreto* es participar de sus miras. Al examinar el manuscrito original, hecho con letra segura y esmerada, se ve que está confeccionado *con amore*. El amor guiaba la pluma del Santo, el amor a su querida Madre del cielo, que él ansiaba honrar, y el amor a sus hermanos, que aspira a conquistar para su devoción favorita. Piensa esto, lector, al recorrer estas páginas. Pide al Santo que transfunda a tu alma los sentimientos que animaban la suya. Dile que te ayude a saludar a María con el ángel Gabriel y a atraer, por esa súplica, sobre la tierra, la gracia que te santifique y quebrante la cabeza de la serpiente infernal.

Por el avemaría
el pecado se destruirá,
Por el avemaría
toda gracia nos vendrá.

San Lorenzo del Sevre, 1.° de octubre de 1911, fiesta del Santo Rosario

# PRÓLOGO

## DE LA EDICIÓN CASTELLANA

Por primera vez sale a luz en nuestra lengua *El Secreto Admirable del Santísimo Rosario*, conocido en Francia desde 1911 y hasta entonces inédito. Desde que por primera vez lo leímos, fluctuábamos entre el deseo de traducirlo para provecho de las almas y el temor de que no fuera tan bien recibido como los otros escritos de nuestro Santo, y pudiera menoscabar algo su fama entre los ya prevenidos contra el nombre de Montfort, sobre todo si se precian de críticos. El celo de dos fervorosos esclavos de María y queridos amigos nuestros ha vencido nuestra indecisión: ellos han traducido con exactitud y corrección la obrita; y nosotros lo hemos revisado con cariño; y le hemos añadido unas pocas notas que tal vez basten para explicar algún punto o satisfacer a algún reparo de crítica histórica.

Claro está que en cuanto a la doctrina teológica y ascética ningún reparo se ofrece: es más llana y más escasa que en otros libros del Santo y fue aprobada como todos sus escritos para el proceso de beatificación. Mas sí se ofrecerán algunas dificultades en los hechos históricos, o ejemplos, que llenan gran parte de la obra. Pues, aunque nuestro escritor era por carácter y por virtud grande enemigo de toda falsedad y condena con frase irónica en el *Tratado de la Verdadera Devoción* a los devotos presuntuosos, a los que apoyan su presunción en historias verdaderas o falsas, «que para ellos es lo mismo», fióse en este librito de la autoridad del Beato Alano de la Roche, bastante acreditado entonces, pero muy discutido después.

No sólo los Padres Bolandos, sino también escritores de la misma orden de Santo Domingo, como el Padre Echard, desconfiaban no poco de las revelaciones de este piadoso autor, teniéndolas por invenciones o algo semejante a parábolas. Se dudaba hasta de que el culto del Beato Alano estuviera reconocido por la Iglesia. Hoy, sin embargo, el erudito Padre Getino, tan conocedor de la historia de su esclarecida Orden, no duda en llamar Beato a Alano de la Roche; y reconoce que «como místico, como hombre de revelaciones acreditadas en una vida ejemplar, mereció crédito de muchos»; si bien añade que «no puede tener para nosotros asentimiento ciego e incondicional», ya que «en los estados místicos es fácil la ilación y se mezclan fácilmente con las comunicaciones divinas los prejuicios humanos y las maneras de expresión hiperbólicas»[1]

1. «¿Fue Santo Domingo fundador del Rosario?» *Ciencia Tomista*, T. XXIV.

Sirva, pues, de norma este prudente juicio para saber a qué atenerse respecto a los ejemplos que el Santo Montfort aduce en este libro, tomándolos del Padre Thomas, que a su vez los copia del Beato Alano.

En todo caso, la doctrina que de ellos deduce el Santo Montfort es muy sólida. Si alguno no cree prudente admitir estos hechos como historias, tómelos como parábolas.

Prevenido el lector acerca de este punto, de importancia secundaria para el fin de la obrita, creemos que la leerá con mucho gusto, edificación y provecho. Si no hay en ella ideas tan nuevas y sublimes como en el *Tratado de la Verdadera Devoción*, el *Secreto de María* o el *Amor de la Divina Sabiduría* y en la *Carta a los Amigos de la Cruz*; hay novedad en el modo de exponer asunto tan conocido como las excelencias del Rosario, y elocuencia popular y llena de unción, que delata al fervoroso misionero, siempre abrasado en el amor de Nuestra Señora y en perpetua lucha con los jansenistas y protestantes.

Haga el Santo Apóstol de María que en su libro aprendamos a manejar esta arma excelente del Santísimo Rosario, en que tanto confía la Iglesia para triunfar de sus enemigos.

Carrión, fiesta de Nuestra Señora de Lourdes, 1928

## ROSA BLANCA

# A LOS SACERDOTES

**1.** Ministros del Altísimo, predicadores de la verdad, clarines del Evangelio, permitidme que os presente la rosa blanca de este librito para introducir en vuestro corazón y en vuestra boca las verdades que en él se exponen sencillamente y sin aparato. En vuestro corazón, para que vosotros mismos emprendáis la práctica santa del Rosario y gustéis sus frutos. En vuestra boca para que prediquéis a los demás la excelencia de esta santa práctica y los convirtáis por este medio. Guardaos, si no lo lleváis a mal, de mirar esta práctica como insignificante y de escasas consecuencias, como hace el vulgo y aun muchos sabios orgullosos; es verdaderamente grande, sublime, divina. El cielo es quien os la ha dado para convertir a los pecadores más endurecidos y los herejes más obstinados. Dios ha vinculado a ella la gracia en esta vida y la gloria en la otra. Los santos la han ejercitado y los Soberanos Pontífices la han autorizado.

¡Oh, cuán feliz es el sacerdote y director de almas a quien el Espíritu Santo ha revelado este secreto, desconocido de la mayor parte de los hombres o sólo conocido superficialmente! Si logra su conocimiento práctico, lo recitará todos los días y lo hará recitar a los otros. Dios y su Santísima Madre derramarán copiosamente la gracia en su alma para que sea instrumento de su gloria; y producirá más fruto con su palabra, aunque sencilla, en un mes que los demás predicadores en muchos años.

**2.** No nos contentemos, pues, mis queridos compañeros, en aconsejarlo a los demás: es necesario que lo practiquemos. Bien podremos estar convencidos de la excelencia del Santo Rosario, mas si no lo practicamos, poco empeño se tomará quien nos oiga en cumplir lo que aconsejamos, porque nadie da lo que no tiene «Caoepit Jesús facere et docere». Imitemos a Jesucristo, que comenzó por hacer aquello que enseñaba. Imitemos al Apóstol, que no conocía ni predicaba más que a Jesucristo crucificado: y eso es lo que haréis al predicar el Santo Rosario, que, según más abajo veréis, no es sólo un compuesto de padrenuestros y avemarías, sino un divino compendio de los misterios de la vida, pasión, muerte y gloria de Jesús y de María. Si creyera yo que la experiencia que Dios me ha dado de la eficacia de la predicación del Santo Rosario para convertir a las almas os pudiera determinar a predicarlo, a pesar de la moda contraria de los predicadores, os diría las conversiones maravillosas que he visto venir con la predicación del Santo Rosario; pero me contentaré con relatar en este compendio algunas historias antiguas y bien probadas. Y solamente en servicio vuestro he insertado también algunos textos latinos de buenos autores que prueban lo que explico al pueblo en francés.

## ROSA ENCARNADA

# A LOS PECADORES

**3.** A vosotros, pobres pecadores y pecadoras, un pecador mayor todavía os ofrece esta rosa enrojecida con la Sangre de Jesucristo, para haceros florecer y para salvaros. Los impíos y los pecadores impenientes claman todos los días: «Coronémonos de rosas.» Coronémonos de rosas, cantemos también nosotros, coronémonos con las rosas del Santo Rosario. ¡Ah, qué diferentes son sus rosas de las nuestras! Son las rosas de ellos sus placeres carnales, sus vanos honores y sus riquezas perecederas, que muy pronto se marchitarán y perecerán; mas las nuestras (nuestros padrenuestros y avemarías bien dichos, junto con nuestras obras de penitencia) no se marchitarán ni pasarán jamás y su resplandor brillará de aquí a cien mil años como al presente; las pretendidas rosas de ellos no tienen sino la apariencia de tales, en realidad no son otra cosa que espinas punzantes durante la vida por los remordimientos de conciencia, que los atormentarán en la hora de la muerte (con el arrepentimiento) y los quemarán durante toda la eternidad, por la rabia y la desesperación. Si nuestras rosas tienen espinas, son espinas de Jesucristo que Él convierte en rosas. Si punzan nuestras espinas, es sólo por algún tiempo; no punzan sino para curarnos del pecado y salvarnos.

**4.** Coronémonos a porfía de estas rosas del paraíso recitando diariamente el Rosario; es decir tres rosarios de cinco decenas cada uno o tres ramos de flores o coronas: 1.° para honrar las tres coronas de Jesús y de María, la corona de gracia de Jesús en su encarnación, su corona de espinas en su pasión y su corona de gloria en el cielo, y la triple corona que María recibió en el cielo de la Santísima Trinidad; 2.° para recibir de Jesús y de María tres coronas, la primera de mérito durante la vida, la segunda de paz a la hora de la muerte, y la tercera de gloria en el paraíso. Si sois fieles en rezarle devotamente hasta la muerte, a pesar de la enormidad de vuestros pecados, creedme, recibiréis una corona de gloria que no se marchitará jamás. Aun cuando os hallaseis en el borde del abismo, o tuvieseis ya un pie en el infierno; aunque hubieseis vendido vuestra alma al diablo, aun cuando fueseis unos herejes endurecidos y obstinados como demonios, tarde o temprano os convertiréis y os salvaréis, con tal que (lo repito y notad las palabras y los términos de mi consejo) recéis devotamente todos los días el Santo Rosario hasta la muerte, para conocer la verdad y obtener la contrición y el perdón de vuestros pecados.

Ya veréis en esta obra muchas historias de grandes pecadores convertidos por virtud del Santo Rosario. Leedlas para meditarlas.

## ROSAL MÍSTICO

## A LAS ALMAS DEVOTAS

**5.** No llevaréis a mal, almas devotas, alumbradas por el Espíritu Santo, que os dé un pequeño rosal místico, bajado del cielo para ser plantado en el jardín de vuestra alma: en nada perjudicará las flores odoríferas de vuestra contemplación. Es muy oloroso y enteramente divino, no destruirá en lo más mínimo el orden de vuestro jardín; es muy puro, bien ordenado y lo conduce todo al orden y a la pureza; crece hasta una altura tan prodigiosa, adquiere una tan vasta extensión, si se le riega y cultiva como conviene todos los días, que no sólo no estorba, antes conserva y perfecciona todas las restantes devociones. Vosotros que sois espirituales me comprendéis bien; este rosal es Jesús y María en la vida, en la muerte y en la eternidad.

**6.** Las hojas verdes de este rosal místico representan los misterios y gozos de Jesús y de María; las espinas, los dolorosos; y las flores, los gloriosos; los capullos son la infancia de Jesús y de María; las rosas entreabiertas representan a Jesús y a María en los sufrimientos; las abiertas del todo muestran a Jesús y a María en su gloria y en su triunfo. La rosa alegra con su hermosura: Ved aquí a Jesús y María en sus misterios gozosos; pica con sus espinas: ved aquí a Jesús y

María en sus misterios dolorosos; regocija con la suavidad de su aroma: vedlos, en fin, en sus misterios gloriosos. No desprecies, pues, mi planta excelente y divina: plantadla en vuestra alma, adoptando la resolución de rezar el Rosario. Cultivadla y regadla rezando fielmente todos los días y haciendo buenas obras y veréis cómo este grano que parecía tan pequeño llegará a ser con el tiempo un árbol grande, donde las almas predestinadas y elevadas a la contemplación harán sus nidos y morada para guardarse a la sombra de sus hojas de los ardores del sol, para preservarse en su altura de las bestias feroces de la tierra y para ser, en fin, delicadamente alimentadas con su fruto, que no es otro que el adorable Jesús, a quien sea honor y gloria por los siglos de los siglos. Amén. Dios solo.

## CAPULLO DE ROSA

## A LOS NIÑOS

**7.** A vosotros, amiguitos míos, os ofrezco un hermoso capullo de rosa; es el granito de vuestro rosario, que os parecerá tan insignificante. Mas ¡oh, qué precioso es ese granito! ¡Qué admirable es ese capullo! ¡Cómo se desarrollará si rezáis devotamente vuestra avemaría! Mucho sería pediros que rezarais el Rosario todos los días; rezad por lo menos diariamente un tercio del Rosario con devoción, y será una linda corona de rosas que colocaréis en las sienes de Jesús y de María. Creedme; y escuchad una hermosa historia, y no la olvidéis.

**8.** Dos niñas, hermanitas, estaban a la puerta de su casa rezando devotamente el Santo Rosario. Aparéceseles una hermosa Señora, la cual se aproxima a la más pequeña, que tenía de seis a siete años, la toma de la mano y se la lleva. Su hermana mayor la busca llena de turbación y, desesperada de poder encontrarla, vuelve a su casa llorando. El padre y la madre la buscan tres días sin encontrarla. Pasado este tiempo, la encuentran a la puerta con el rostro alegre y gozoso. Le preguntan de dónde viene y contesta que la Señora a quien rezaba el Rosario la había llevado a un lugar muy hermoso y le había dado a comer cosas muy buenas y había colocado en sus brazos a un Niño bellísimo. El padre y la madre, recién convertidos a la fe, llamaron al Padre Jesuita que los había instruido en ella y en la devoción del Rosario y le contaron lo que había ocurrido. De sus propios labios lo hemos sabido nosotros. Aconteció en el Paraguay.

Imitad, amados niños, a estas dos fervorosas niñas; rezad todos los días, como ellas, el Rosario, y mereceréis así ver a Jesús y a María: si no en esta vida, después de la muerte, durante la eternidad. Amén.

Sabios e ignorantes, justos y pecadores, grandes y pequeños, alaben y saluden día y noche con el Santo Rosario a Jesús y a María. Saludad a María, que mucho ha trabajado en medio de vosotros (Rm. 16, 6).

# EL SECRETO ADMIRABLE DEL SANTÍSIMO ROSARIO

PARA CONVERTIRSE Y SALVARSE

## PRIMERA DECENA

### Excelencia del Santísimo Rosario en su origen y en su nombre

---

*Primera Rosa*

LAS ORACIONES DEL ROSARIO

**9.** El Rosario comprende dos cosas, a saber: la oración mental y la oración vocal. La oración mental del Santo Rosario es la meditación de los principales misterios de la vida, muerte y gloria de Jesucristo y de su Santísima Madre. La oración vocal del Rosario consiste en decir quince decenas de avemarías precedidas por un padrenuestro y terminadas por un gloria. Se meditan y contemplan las quince virtudes principales que Jesús y María han practicado en los quince misterios del Santo Rosario.

En la primera parte, que consta de cinco decenas, se honran y consideran los cinco misterios gozosos; en la segunda, los cinco misterios dolorosos; y en la tercera, los cinco misterios gloriosos [entre los misterios gozosos y dolorosos el Papa Juan Pablo II ha añadido los cinco misterios luminosos]. De este modo, el Rosario es un compuesto sagrado de oración mental y vocal para honrar e imitar los misterios y las virtudes de la vida, muerte, pasión y gloria de Jesucristo y de María.

## *Segunda Rosa*

### ORIGEN DEL ROSARIO

**10.** El Santo Rosario, compuesto en su fondo y substancia de la oración de Jesucristo y de la salutación angélica –esto es, el padrenuestro y el avemaría– y la meditación de los misterios de Jesús y María, es sin duda la primera oración y la devoción primera de los fieles, que desde los apóstoles y los discípulos se transmitió de siglo en siglo hasta nosotros[1].

1. Según las investigaciones de los historiadores eclesiásticos, no parece que pueda hoy admitirse lo que aquí dice el Santo Montfort sobre la antigüedad en el uso del avemaría. Hasta el siglo XII no hay testimonio alguno de que se rezara el avemaría, si no es como antífona en la liturgia. Antes de Santo Domingo se citan sólo cuatro o cinco casos de fieles que rezaran el avemaría. El Santo fue el primero que consta mandara rezar el avemaría en sus Constituciones, y sus discípulos los primeros de quienes tenemos noticia que propagaron la devoción de rezar series de avemarías meditando los misterios y juntando el rezo con genuflexiones, al modo que rezaba Santo

**11.** No obstante, el Santo Rosario, en la forma y método que lo recitamos al presente, sólo fue inspirado a la Iglesia en 1214 por la Santísima Virgen, que lo dio a Santo Domingo para convertir a los herejes albigenses y a los pecadores. Ocurrió en la forma siguiente, según cuenta el Beato Alano de la Roche en su famoso libro titulado *De dignitate Psalterii*[2]. Viendo Santo Domingo que los crímenes de los hombres obstaculizaban la conversión de los albigenses, entró en un bosque próximo a Tolosa y pasó en él tres días y tres noches en continua oración y de penitencia, no cesando de gemir, de llorar y de macerar su cuerpo con disciplinas para calmar la cólera de Dios; de suerte que cayó medio muerto. La Santísima Virgen, acompañada de tres princesas del cielo, se le apareció entonces y le dijo; «¿Sabes tú, mi querido Domingo, de qué arma se ha servido la Santísima Trinidad para reformar el mundo?» «Oh Señora, respondió él, Vos lo sabéis mejor que yo, porque después de vuestro Hijo

---

Domingo, según nos lo representa el arte de su tiempo. Con fundamento, pues, la voz de los Sumos Pontífices, de acuerdo con la tradición, nos señala a Santo Domingo como fundador del Rosario, aunque no enseñara él a rezarlo precisamente en series de diez avemarías y distribuyendo como ahora la meditación de los misterios. Ésta no se fijó hasta el siglo xv.

Véanse sobre todo este asunto los interesantes artículos del P. Getino, O.P. (en *Ciencia Tomista*, t. XXIV y XXV). «¿Fue Santo Domingo fundador del Rosario?»

2. *De la dignidad del salterio de María*; es decir, del Rosario.

Jesucristo fuisteis el principal instrumento de nuestra salvación.» Ella añadió: «Sabe que la pieza principal de la batería fue la salutación angélica, que es el fundamento del Nuevo Testamento; y por tanto, si quieres ganar para Dios esos corazones endurecidos, reza mi salterio.» El Santo se levantó muy consolado y, abrasado de celo por el bien de aquellos pueblos, entró en la Catedral. En el mismo momento, sonaron las campanas por intervención de los ángeles para reunir a los habitantes, y al principio de la predicación se levantó una espantosa tormenta; la tierra tembló, el sol se nubló, los repetidos truenos y relámpagos hicieron estremecer y palidecer a los oyentes; y aumentó su terror al ver una imagen de la Santísima Virgen expuesta en lugar preeminente, levantar los brazos tres veces hacia el cielo, para pedir a Dios venganza contra ellos si no se convertían y recurrían a la protección de la Santa Madre de Dios.

El cielo quería por estos prodigios aumentar la nueva devoción del Santo Rosario y hacerla más notoria. La tormenta cesó al fin por las oraciones de Santo Domingo. Continuó su discurso y explicó con tanto fervor y entusiasmo la excelencia del Santo Rosario, que los moradores de Tolosa lo aceptaron casi todos, renunciaron a sus errores, y en poco tiempo se vio un gran cambio en la vida y las costumbres de la ciudad[3].

---

3. Ninguna de estas maravillas refieren los antiguos histo-

*Tercera Rosa*

## El Rosario y Santo Domingo

**12.** Este milagroso establecimiento del Santo Rosario, que guarda cierta semejanza con la manera en que Dios promulgó su ley sobre el monte Sinaí, manifiesta evidentemente la excelencia de esta divina práctica. Santo Domingo, inspirado por el Espíritu Santo, predicó todo el resto de su vida el Santo Rosario con el ejemplo y la palabra, en las ciudades y en los campos, ante los grandes y los pequeños, ante sabios e ignorantes, ante católicos y herejes. El Santo Rosario –que rezaba todos los días– era su preparación para predicar y su acción de gracias de haber predicado.

**13.** Un día de San Juan Evangelista en que estaba el Santo en Nuestra Señora de París rezando el Santo Rosario, como preparación a la predicación, en una capilla situada tras el altar mayor, se le apareció la Santísima Virgen y le dijo; «Domingo, aunque lo que tienes preparado

---

riadores de la Orden de Santo Domingo, y por eso los críticos desconfían, Téngase en cuenta, sin embargo, que Santo Domingo no tuvo ningún biógrafo contemporáneo. Los que narraron su vida lo hicieron dentro del cuadro general de la historia de su Orden, donde no cabían tantos pormenores.

para predicar sea bueno, he aquí, no obstante, un sermón mucho mejor que yo te traigo.» Santo Domingo recibe de sus manos el libro donde estaba el sermón, lo lee, lo saborea, lo comprende, da gracias por él a la Santísima Virgen. Llega la hora del sermón, se enfervoriza y, después de no haber dicho en alabanza de San Juan Evangelista sino que había merecido ser custodio de la Reina del Cielo, dice a toda la concurrencia de grandes y doctores que habían venido a oírle –habituados todos a discursos floridos– que no les hablará con palabras de sabiduría humana, sino con la sencillez y la fuerza del Espíritu Santo. Y, efectivamente, les predicó el Santo Rosario explicándoles palabra por palabra, como a niños, la salutación angélica, sirviéndose de comparaciones muy sencillas, que había leído en el papel que le había dado la Santísima Virgen.

**14.** He aquí las mismas palabras del sabio Cartagena, tomadas por él del libro del Beato Alano de la Roche titulado *De Dignitate Psalterii*.

El Beato Alano afirma que Santo Domingo le dijo un día en una revelación; «Hijo mío, tú predicas, pero, para que no busques las alabanzas de los hombres antes que la salvación de las almas, escucha lo que me sucedió en París. Debía predicar en la magnífica iglesia dedicada a la bienaventurada María y quería hacerlo de un modo ingenioso, no por orgullo, sino por la influencia y dignidad del auditorio. Según mi costumbre, oraba recitando mi salterio (es decir, el Rosario), durante la hora que precedía a mi sermón, en cierta capilla tras el altar mayor, y tuve un rapto. Veía a mi amada Señora la Madre de Dios, que trayéndome un libro me decía; "Domingo, aunque el sermón que has decidido predicar es bueno, te traigo aquí otro mejor."

»Muy gozoso, cogí el libro, lo leí entero y, como María había dicho, comprendí bien que aquello era lo que convenía predicar. Le di gracias con todo mi corazón. Llegada la hora del sermón, tenía delante de mí la Universidad de París en masa y un gran número de señores. Ellos oían y veían las grandes señales que por mediación mía les hacía el Señor. Subo al púlpito. Era la fiesta de San Juan, pero de tal apóstol me contenté con decir que mereció ser escogido para custodio singular de la Reina del cielo; y después digo así a mi auditorio: "Señores y Maestros ilustres, estáis acostumbrados a escuchar sermones elegantes y sabios; pero yo no quiero dirigiros las doctas palabras de la sabiduría humana, sino mostraros el Espíritu de Dios y su virtud." y entonces –dice Cartagena siguiendo al Beato Alano– Santo Domingo explicó la salutación angélica por comparaciones y semejanzas familiares.»

**15.** El Beato Alano de la Roche, como dice el mismo Cartagena, refiere otras varias apariciones de Nuestro Señor y de la Santísima Virgen a Santo Domingo para instarle y animarle a predicar el Santo Rosario, a fin de combatir el pecado y convertir a pecadores y herejes, dice: «El Beato

Alano dice que la Santísima Virgen le reveló que Jesucristo su Hijo se había aparecido después de Ella a Santo Domingo y le había dicho: "Domingo, me alegro de ver que no confías en tu sabiduría, sino que, humildemente, prefieres salvar a las almas a agradar a los hombres vanos. Muchos predicadores quieren en seguida tronar contra los pecados más graves, olvidando que antes de dar una medicina penosa, es necesario que tenga lugar la preparación. Por eso deben antes exhortar al auditorio al amor a la oración, especialmente a mi angélico salterio; porque si todos empiezan a rezarlo no es dudoso que la divina clemencia estará propicia para los que perseveren. Predica, pues, mi Rosario."»

**16.** En otro lugar dice el Beato Alano: «Todos los predicadores hacen decir a los cristianos la salutación angélica, al principio de sus sermones, para obtener la gracia divina. La razón de ello se encuentra en una revelación hecha a Santo Domingo por la bienaventurada Virgen: "Domingo, hijo –le dijo–, no te sorprendas de que no tengan éxito tus predicaciones, porque trabajas en una tierra que no ha sido regada por la lluvia. Sabe que, cuando Dios quiso renovar el mundo, envió de antemano la lluvia de la salutación angélica, y así es como se reformó el mundo. Exhorta, pues, en tus sermones a rezar el Rosario, y recogerás grandes frutos para las almas." Y habiéndolo hecho así Santo Domingo con energía obtuvieron sus predicaciones notable éxito.» (Esto se encuentra en el *Libro de los milagros del Santo Rosario*, en el discurso 143 de Justino.)

**17.** He tenido gusto en copiar palabra por palabra los pasajes de estos buenos autores en favor de los predicadores y personas eruditas, que pudieran poner en duda la maravillosa virtud del Santo Rosario. Mientras siguiendo a Santo Domingo se predicó la devoción del Santo Rosario, la piedad y el fervor florecían en las órdenes religiosas que practicaban esta devoción y en el mundo cristiano; pero desde que no se hizo tanto aprecio de ese presente venido del cielo, no se ve más que pecado y desórdenes por todas partes.

## *Cuarta Rosa*

### EL ROSARIO Y EL BEATO ALANO DE LA ROCHE

**18.** Como todas las cosas, aun las más santas, en cuanto dependen de la voluntad de los hombres, están sujetas a cambios, no hay porque sorprenderse de que la cofradía del Santo Rosario sólo subsistiese en su primitivo fervor alrededor de cien años después de su institución. Luego estuvo casi sumida en el olyido. Además, la malicia y envidia del demonio han contribuido, sin duda, a la menor estimación del Santo Rosario, para detener los torrentes de gracia de Dios que esta devoción atraía al mundo. En efecto, la justicia divina afligió todos los reinos de Europa el año 1349 con la peste más horrible que se recuerda, la cual desde Levante se extendió a Italia, Alemania, Francia, Polonia y Hungría y desoló casi todos estos territorios, pues de cien hombres apenas quedaba uno vivo; las poblaciones, las villas, las aldeas y los monasterios quedaron casi desiertos durante los tres años que duró la epidemia.

Este azote de Dios fue seguido de otros dos; la herejía de los flagelantes y un desgraciado cisma el año 1376.

**19.** Luego que, por la misericordia de Dios, cesaron estas calamidades, la Santísima Virgen ordenó al Beato Alano de la Roche, célebre Doctor y famoso predicador de la Orden de Santo Domingo del convento de Dinan, en Bretaña, renovar la antigua cofradía del Santo Rosario, para que, ya que esta cofradía había nacido en esta provincia, un religioso de la misma tuviese el honor de restablecerla. Este Beato Padre empezó a trabajar en esta gran obra el año 1460, después que Nuestro Señor Jesucristo, para determinarle a predicar el Santo Rosario, le manifestó un día en la Sagrada Hostia, cuando el Beato celebraba la Santa Misa: «¿Por qué me crucificas tú de nuevo?» «¿Cómo, Señor?», le contestó el Beato Alano enteramente sorprendido. «Son tus pecados los que me crucifican, le respondió Jesucristo, y preferiría ser crucificado otra vez a ver a mi Padre ofendido por los pecados que has cometido. Y me crucificas aún, porque tienes ciencia y cuanto es necesario para predicar el Rosario de mi Madre y por este medio instruir y desviar muchas almas del pecado; tú los salvarías, impidiendo grandes males, y, no haciéndolo, eres culpable de los pecados que ellos cometen.» Estos cargos terribles resolvieron al Beato Alano a predicar incesantemente el Rosario.

**20.** La Santísima Virgen le dijo también cierto día, para animarle aún más a predicar el Santo Rosario: «Fuiste un gran pecador en tu juventud, pero he obtenido de mi Hijo tu conversión, he rogado por ti y hubiese deseado, a ser posible, padecer toda clase de trabajos para salvarte, pues los pecadores convertidos son mi gloria, y para hacerte digno de predicar por todas partes mi Rosario.»

Santo Domingo, cuando describía a los fieles los frutos que había conseguido en los pueblos por medio de esta hermosa devoción que les predicaba continuamente, solía decir: «Estás viendo el fruto que he conseguido con la predicación del Santo Rosario; haz lo mismo, tú y todos los que amáis a María, para de ese modo atraer todos los pueblos al pleno conocimiento de las virtudes.»

Esto es en compendio lo que la historia nos enseña del establecimiento del Santo Rosario por Santo Domingo y de su renovación por el Beato Alano de la Roche.

## *Quinta Rosa*

### Cofradía del Rosario

**21.** No hay, hablando con propiedad, más que una cofradía del Rosario, compuesta de 150 [200] avemarías; pero con relación al fervor de las distintas personas que lo practican hay tres clases, a saber: el Rosario común u ordinario, el Rosario perpetuo y el Rosario cotidiano. La cofradía del Rosario ordinario sólo exige que se rece una vez por semana, y la del Rosario perpetuo, una vez al año; pero la del Rosario cotidiano exige rezarlo entero –es decir, las 150 [200] avemarías– diariamente. Ninguno de estos Rosarios implica obligación bajo pecado, ni aun venial; porque la promesa de rezarlo es completamente voluntaria y de supererogación; pero no debe alistarse en la cofradía quien no tenga voluntad de cumplir esa promesa, según lo exige la cofradía, siempre que pueda sin faltar a las obligaciones de su estado. Así, cuando el rezo del Rosario coincida con una acción que por nuestro estado es obligatoria, debe preferirse esta acción al Rosario por santo que sea. Cuando en la enfermedad no pueda rezarse en todo ni en parte sin exacerbar el padecimiento, no obliga. Cuando por legítima obediencia, olvido involuntario o necesidad apremiante no ha podido rezarse, no hay ningún pecado, ni aun venial; y no deja por eso de participarse de las gracias y méritos de los otros hermanos y hermanas que lo rezan en todo el mundo.

Cristianos: si faltáis a este rezo por pura negligencia, sin ningún motivo formal, absolutamente hablando tampoco pecáis, pero perdéis la participación en las oraciones, buenas obras y méritos de la cofradía, y, por vuestra infidelidad en cosas pequeñas y de supererogación, caeréis insensiblemente en la infidelidad a las cosas grandes y de obligación esencial; porque «Quien desprecia las cosas pequeñas, poco a poco caerá.»[4]

## *Sexta Rosa*

## EL SALTERIO DE MARÍA

**22.** Desde que Santo Domingo estableció esta devoción hasta el año 1460, en que el Beato Alano de la Roche la renovó por orden del cielo, se le llama el salterio de Jesús y de la Santísima Virgen, porque contiene tantas salutaciones angélicas como salmos contiene el salterio de David, y los sencillos e ignorantes, que no pueden rezar el salterio de David, encuentran en el Rosario un

4. Eclo., 19, 1.

fruto igual y aun mayor que el que se consigue con el rezo de los salmos de David: 1.° Porque el salterio evangélico tiene un fruto más noble, a saber: el Verbo encarnado, mientras que el salterio de David no hace más que predecirle; 2.° Como la verdad sobrepasa a la figura y el cuerpo a la sombra, del mismo modo el salterio de la Santísima Virgen sobrepasa al salterio de David, que sólo fue sombra de aquél; 3.° Porque la Santísima Trinidad es la que ha compuesto el salterio de la Santísima Virgen o Rosario, que se integra de padrenuestros y avemarías.

El sabio Cartagena refiere al respecto: «El sapientísimo de Aix-la-Chapelle –J. Bessel–, en su libro sobre la corona de rosas, dedicado al emperador Maximiliano, dice: "No puede afirmarse que la salutación mariana sea una invención reciente. Se extendió con la Iglesia misma. Efectivamente, desde los orígenes de la Iglesia, los fieles más instruidos celebraban las alabanzas divinas con la triple cincuentena de salmos davídicos. Entre los más humildes, que encontraban serias dificultades en el rezo del oficio divino, surgió una santa emulación... Pensaron, y con razón, que en el celestial elogio –el Rosario– se incluyen todos los secretos divinos de los salmos. Sobre todo porque los salmos cantaban al que debía venir, mientras que esta fórmula se dirige al que ha venido ya. Por eso comenzaron a llamar 'salterio mariano' a las tres series de cincuenta oraciones, anteponiendo a cada cadena la oración dominical, como habían visto hacer a quienes recitaban los salmos."»

**23.** El salterio o Rosario de la Santísima Virgen está dividido en tres [cuatro] rosarios de cinco decenas cada uno; 1.° Para honrar a las tres personas de la Santísima Trinidad; 2.° Para honrar la vida, muerte y gloria de Jesucristo; 3.° Para imitar a la Iglesia Triunfante, ayudar a la militante y aliviar a la padeciente; 4.° Para imitar las tres partes de los salmos, cuya primera parte es para la vía purgativa, la segunda para la vía iluminativa y la tercera para la unitiva; 5.° Para colmarnos de gracia durante la vida, de paz en la muerte y de gloria en la eternidad.

## *Séptima Rosa*

### El Rosario, corona de rosas

**24.** Desde que el Beato Alano de la Roche renovó esta devoción, la voz pública, que es la voz de Dios, le ha dado el nombre de Rosario[5], que significa corona de rosas. Es decir, que cuantas veces se reza como es debido el Rosario se coloca sobre la cabeza de Jesús y de María una corona

5. No fue, sin embargo, el Beato Alano quien inventó este nombre de Rosario, ya conocido antes; por el contrario, él quiso que se llamara salterio.

compuesta de 153 [203] rosas blancas y 16 [21] rosas encarnadas del paraíso que jamás perderán su hermosura ni su brillo. La Santísima Virgen aprobó y confirmó este nombre de Rosario, revelando a varios que le presentaban tantas rosas agradables cuantas avemarías rezaban en su honor y tantas coronas de rosas como Rosarios.

**25.** El Hermano Alfonso Rodríguez[6], de la Compañía de Jesús, rezaba el Rosario con tanto ardor, que veía con frecuencia a cada padrenuestro salir de su boca una rosa encarnada, y a cada avemaría, una blanca, igual en hermosura y buen aroma y solamente distinta en el color.

Las crónicas de San Francisco cuentan que un joven religioso tenía la buena costumbre de rezar todos los días antes de la comida la corona de la Santísima Virgen. Un día, no se sabe por qué, faltó a ella, y estando servida la cena rogó a su superior que le permitiese rezarla antes de ir a la mesa. Con este permiso se retiró a su habitación; pero como tardaba mucho, el superior envió un religioso a llamarle; y éste le encontró iluminado con celestes resplandores y a la Santísima Virgen con dos ángeles cerca de él. Cada vez que decía un avemaría, una rosa salía de su boca, y los ángeles cogían las rosas una tras otra y las colocaban sobre la cabeza de la Santísima Virgen, que les testimoniaba su consentimiento. Otros dos religiosos, enviados para

6. Hoy San Alfonso Rodríguez.

saber la causa del retraso de sus compañeros, vieron este misterio, y no desapareció la Santísima Virgen hasta que terminó el rezo de la corona.

El Rosario es, pues, una gran corona, y el de cinco decenas, una guirnalda de flores o coronilla de rosas celestes que se coloca sobre las cabezas de Jesús y María. La rosa es la reina de las flores, y del mismo modo el Rosario es la rosa y la primera de las devociones.

## *Octava Rosa*

### Maravillas del Rosario

**26.** No es posible expresar cuánto estima la Santísima Virgen el Rosario sobre todas las demás devociones y cuán magnánima es al recompensar a quienes trabajan para predicarlo, establecerlo y cultivarlo y cuán terrible es, por el contrario, con aquellos que quieren hacerle oposición.

Santo Domingo en nada puso durante su vida tanto entusiasmo como en alabar a la Santísima Virgen, predicar sus grandezas y animar a todos a honrarla por medio del Rosario. Esta poderosa Reina del Cielo, a su vez, no cesó de derramar sobre Santo Domingo bendiciones a manos llenas; coronó sus trabajos con mil prodigios y milagros, nada pidió éste a Dios que no obtuviera por intercesión de la Santísima Virgen, y –para colmo de favores– Ella le sacó victorioso de la herejía de los albigenses y le hizo padre y patriarca de una gran Orden.

**27.** ¿Qué diría yo del Beato Alano de la Roche, reparador de esta devoción? La Santísima Virgen le honró varias veces con su visita para instruirle sobre los medios de conseguir su salvación, hacerse buen sacerdote, perfecto religioso e imitador de Jesucristo. Durante las tentaciones y persecuciones horribles de los demonios, que le reducían a una extremada tristeza y casi a la desesperación, le consolaba y disipaba con su dulce presencia todas estas nubes y tinieblas. Ella le enseñó el modo de rezar el Rosario, sus excelencias y sus frutos, le favoreció con la gloriosa calidad de nuevo esposo y, como arras de sus castos amores, le puso un anillo en el dedo y un collar hecho con su pelo al cuello, y le dio también un Rosario. El Abad Tritemio, el docto Cartagena, y el sabio Martín Navarro y otros hablan de él con elogio. Después de haber llegado la cofradía del Rosario a reunir más de cien mil almas, murió en Zunolle, Flandes, el 8 de septiembre del año 1475.

**28.** Envidioso el demonio de los grandes frutos que el Beato Tomás de San Juan, célebre predicador del Santo Rosario, conseguía con esta práctica, le redujo por medio de duros tratos a estado de una larga y penosa enfermedad, en la que fue desahuciado por los médicos. Una noche en que él se creía infaliblemente a punto de morir se le apareció el demonio en espantosa figura; pero, elevando él devotamente los ojos y el corazón hacia una imagen de la Santísima Virgen que había cerca de su cama, gritó con todas sus fuerzas: «¡Ayudadme, socorredme, dulcísima Madre mía!» Apenas hubo acabado estas palabras, la imagen le tendió la mano y le apretó el brazo, diciéndole: «No temas Tomás, hijo mío, yo te auxilio; levántate y continúa predicando la devoción de mi Rosario como habías empezado. Yo te defenderé contra todos tus enemigos.» A estas palabras de la Santísima Virgen, huyó el demonio.

**29.** La Santísima Virgen no favorece solamente a los predicadores del Rosario; también recompensa gloriosamente a aquellos que, por su ejemplo, atraen a otros a esta devoción.

A Alfonso[7], rey de León y Galicia, que deseaba que todos sus criados honrasen a la Santísima Virgen con el Santo Rosario, se le ocurrió, para animarles con su ejemplo, llevar ostensiblemente un gran Rosario, aunque sin rezarlo, lo que bastó a obligar a todos sus cortesanos a que lo rezaran devotamente. El rey cayó gravemente enfermo y cuando le creían muerto fue transportado en espíritu al tribunal de Jesucristo, vio allí a los demonios, que le acusaban de todos los crímenes que había cometido, y cuando iba a

---

7. Alfonso IX, sin duda, aunque, que sepamos, no hay memoria de este caso en documentos españoles.

ser condenado a las penas eternas, se presentó a su favor la Santísima Virgen delante de su divino Hijo; se trajo entonces una balanza, se colocaron todos los pecados del rey en un platillo, y la Santísima Virgen colocó en el otro el gran Rosario que él había llevado en su honor, juntamente con los que, gracias a su ejemplo, habían rezado otras personas, y esto pesaba más que todos sus pecados. y después, mirándole con ojos compasivos, le dijo: «He obtenido de mi Hijo, como recompensa del pequeño servicio que me hiciste llevando el Rosario, la prolongación de tu vida por algunos años. Empléalos bien y haz penitencia.» El rey, vuelto en sí de este éxtasis, exclamó: «¡Oh bendito Rosario de la Santísima Virgen, por el que fui librado de la condenación eterna!» Después que recobró la salud pasó el resto de su vida con gran devoción al Santo Rosario y lo rezó todos los días.

Que los devotos de la Santísima Virgen procuren ganar cuantos fieles puedan para la cofradía del Santo Rosario, a ejemplo de estos santos y de este rey; conseguirán en la tierra la protección de Nuestra Señora y luego la vida eterna. «Los que me den a conocer tendrán la vida eterna».[8]

---

8. Eclo 24, 31.

## Los enemigos del Rosario

**30.** Pero veamos ahora qué injusticia es impedir los progresos de la cofradía del Santo Rosario y cuáles son los castigos de Dios para los desgraciados que la han despreciado y quisieron destruirla.

Como la devoción del Santo Rosario ha sido autorizada por el cielo con varios prodigios y aprobada por la Iglesia en varias bulas de los Papas, sólo los libertinos, impíos y espíritus fuertes de estos tiempos se atreven a difamar la cofradía del Santo Rosario o alejar de ella a los fieles. En verdad que sus lenguas están infectadas con el veneno del infierno y que son movidas por el espíritu maligno; porque nadie puede desaprobar la devoción del Santo Rosario sin condenar lo más piadoso que hay en la Religión Cristiana, a saber: la oración dominical, la salutación angélica y los misterios de la vida, muerte y gloria de Jesucristo y de su Santísima Madre.

Estos espíritus fuertes, que no pueden sufrir que se rece el Rosario, caen con frecuencia en el criterio, reprobado, de los herejes, que tienen horror al Rosario.

Aborrecer las cofradías es alejarse de Dios y

de la piedad, puesto que Jesucristo nos asegura que se encuentra en medio de los que se reúnen en su nombre. No es ser buen católico despreciar tantas y tan grandes indulgencias como la Iglesia concede a las cofradías. Disuadir a los fieles de que pertenezcan a la del Santo Rosario es ser enemigo de la salvación de las almas, que por este medio dejan el partido del pecado para abrazar la piedad. Sí, San Buenaventura dijo con razón en su salterio que morirá en pecado y se condenará quien haya despreciado a la Santísima Virgen: ¡Qué castigos aguardan a los que apartan a otros de las devociones a Nuestra Señora!

## *Décima Rosa*

### Milagros obtenidos por el Rosario

**31.** En ocasión en que Santo Domingo predicaba esta devoción en Carcasona, un hereje se dedicó a poner en ridículo los milagros y los quince misterios del Santo Rosario, lo que impedía la conversión de los herejes. Dios permitió, para castigar a este impío, que 15.000 demonios entrasen en su cuerpo; sus parientes le llevaron al bienaventurado Padre (Santo Domingo) para librarle de los espíritus malignos. Aquél se puso en oración y exhortó a todos los presentes a rezar con él el Rosario en alta voz, y he aquí que a cada avemaría la Santísima Virgen hacía salir cien demonios del cuerpo de este hereje en forma de carbones encendidos. Después que fue curado, abjuró de todos sus errores, se convirtió y se inscribió en la cofradía del Rosario, con otros muchos compañeros arrepentidos con este castigo y con la virtud del Rosario.

**32.** El docto Cartagena, de la Orden de San Francisco, y otros varios autores refieren que el año 1482, cuando el venerable Padre Diego Sprenger y sus religiosos trabajaban con gran celo para restablecer la devoción y la cofradía del Santo Rosario en la ciudad de Colonia, dos famosos predicadores, envidiosos de los grandes frutos que los primeros obtenían con esta práctica, trataron de desacreditarla en sus sermones, y como tenían talento y predicamento grandes, disuadieron a muchas personas de inscribirse. Uno de estos predicadores, para mejor conseguir su pernicioso intento, preparó expresamente un sermón en domingo. Llegó la hora y el predicador no aparecía; se le esperó, se le buscó y al fin se le encontró muerto, sin haber sido auxiliado por nadie. Persuadido el otro predicador de que este accidente era natural, resolvió suplirle para abolir la cofradía del Rosario. El día y hora del sermón llegaron, y Dios castigó al predicador con una parálisis que le quitó el movimiento y la palabra. Entonces reconoció su falta y la de su compañero, recurrió con el corazón a la Santísima Virgen, prometiéndole predicar por todas partes el Rosario con tanto brío como lo había combatido y rogándole que le devolviese para esto la salud y la palabra, lo alcanzó de la Santísima Virgen, y, encontrándose súbitamente curado, se levantó como otro Saulo, cambiado de perseguidor en defensor del Santo Rosario. Hizo pública reparación de su falta y predicó con mucho celo y elocuencia las excelencias del Santo Rosario.

**33.** No dudo de que los espíritus fuertes y críticos de nuestros días, cuando lean las historias de este librito, las pondrán en duda, como han hecho siempre, aunque yo no he hecho sino transcribirlas de muy buenos autores contemporáneos, y en parte de un libro compuesto recientemente por el R. P. Antonino Thomas, de la Orden de Predicadores, titulado *El rosal místico*. Todo el mundo sabe que hay tres clases de fe para las diferentes historias. A las historias de la Sagrada Escritura, les debemos una fe divina; a las historias profanas que no repugnan a la razón y están escritas por buenos autores, una fe humana; a las historias piadosas referidas por buenos autores y en modo alguno contrarias a la razón, a la fe y a las buenas costumbres, aunque a veces sean extraordinarias, una fe piadosa. Reconozco que no hay que ser ni muy crédulo ni muy crítico, y que debemos quedarnos siempre en el medio para encontrar el punto de verdad y de virtud; pero también sé que así como la caridad cree fácilmente todo aquello que no es contrario a la fe ni a las buenas costumbres, «La caridad todo lo cree», del mismo modo el orgullo conduce a negar casi todas las historias bien justificadas con el pretexto de que no están en la Sagrada Escritura.

Es el lazo de Satanás, en que han caído los herejes que niegan la tradición y donde los críticos de hoy caen insensiblemente, no creyendo porque no comprenden o cuando no les agrada, sin otra razón que el orgullo y su propia suficiencia.

## SEGUNDA DECENA

## Excelencia del Santo Rosario por las oraciones de que está compuesto

---

### *Undécima Rosa*

### EXCELENCIA DEL CREDO

**34.** El Credo o Símbolo de los Apóstoles –que se reza sobre la cruz del Rosario– por ser un santo resumen y compendio de las verdades cristianas, es una oración de gran mérito, porque la fe es la base, el fundamento y el principio de todas las virtudes cristianas, de todas las virtudes eternas y de todas las oraciones agradables a Dios. Quien se acerca a Dios ha de empezar por creer[1], y cuanto mayor sea su fe, tanta más fuerza y mérito en sí misma tendrá la oración y tanta más gloria dará a Dios.

No me detendré a explicar las palabras del Símbolo de los Apóstoles; pero no puedo menos

1. Hb. 11.6. Credere enim opportet accedentem ad Deum quia est.

de aclarar estas tres primeras palabras: «Creo en Dios», que encierran los actos de las tres virtudes teologales: la fe, la esperanza y la caridad. Tienen maravillosa eficacia para santificar el alma y abatir a los demonios. Con estas palabras han vencido muchos santos las tentaciones, principalmente las que iban contra la fe, la esperanza y la caridad durante su vida o en la hora de la muerte. Éstas fueron las últimas palabras que San Pedro mártir escribió con el dedo sobre la arena lo mejor que pudo, cuando rota la cabeza por un sablazo de un hereje estaba a punto de expirar.

**35.** Como la fe es la única llave para entrar en todos los misterios de Jesús y María encerrados en el Santo Rosario, conviene empezarlo rezando el Credo con muy devota atención, y cuanto mayor y más viva sea nuestra fe, tanto más meritorio será el Rosario. Es preciso que la fe sea viva y animada por la caridad: es decir, que para rezar bien el Rosario es necesario estar en gracia de Dios o en busca de esta gracia; es necesario que la fe sea fuerte y constante; es decir, que no hay que buscar en la práctica del Santo Rosario solamente el gusto sensible y el consuelo espiritual, o –lo que es lo mismo– que no hay que dejarlo porque se tenga una enormidad de distracciones involuntarias en el espíritu, un inexplicable tedio en el alma, un pesado fastidio y un sopor casi continuo en el cuerpo. No son precisos gusto, ni consuelo, ni suspiros, fervor y lágrimas, ni aplicación continua de la imaginación, para rezar bien el Rosario. Bastan la fe pura y la buena intención.

## *Duodécima Rosa*

### Excelencia del Padrenuestro

**36.** El padrenuestro u oración dominical tiene la primera excelencia en su autor, que no es hombre ni ángel, sino el Rey de los ángeles y de los hombres, Jesucristo. Convenía –dice San Cipriano– que aquel que venía a darnos la vida de la gracia como Salvador nos enseñase el modo de orar como celestial Maestro. La sabiduría de este divino Maestro se manifiesta bien en el orden, la dulzura, la fuerza y la claridad de esta oración divina; es corta, pero rica en enseñanzas, inteligible para la gente sencilla y llena de misterios para los sabios. El padrenuestro encierra todos los deberes que tenemos para con Dios, los actos de todas las virtudes y la súplica de todos nuestros bienes espirituales y corporales. Contiene, dice Tertuliano, el compendio del Evangelio. Aventaja, dice Tomás de Kempis, a todos los deseos de los santos, contiene en compendio todas las dulces sentencias de los salmos y de los cánticos; pide cuanto necesitamos, alaba a Dios de un modo excelente, eleva el alma de la tierra al cielo y la une estrechamente con Dios.

**37.** San Crisóstomo dice que quien no ora como el divino Maestro ha orado y enseñado a orar no es su discípulo, y Dios Padre no escucha con tanto agrado las oraciones que compuso el espíritu humano, sino las de su hijo, que Él nos ha enseñado.

Debemos rezar la oración dominical con la certeza de que el Eterno Padre la oirá favorablemente, puesto que es la oración de su Hijo, al que siempre atiende, y nosotros miembros de Cristo. ¿Cómo ha de negarse tan buen Padre a una súplica tan bien fundada, apoyada como está en los méritos e intercesión de tan digno Hijo? San Agustín asegura que el padrenuestro bien rezado quita los pecados veniales. El justo cae siete veces cada día. La oración dominical contiene siete peticiones por las cuales podemos remediar estas caídas y fortificarnos contra los enemigos. Es oración corta y fácil para que, como somos frágiles y estamos sujetos a muchas miserias, recibamos rápido auxilio, rezándola frecuente y devotamente.

**38.** Salid de vuestro error, almas devotas que despreciáis la oración que el mismo Hijo de Dios ha compuesto y ordenado para todos los fieles; vosotros, que sólo estimáis las oraciones compuestas por los hombres, como si el hombre, aun el más esclarecido, supiese mejor que Jesucristo cómo debemos orar. Buscáis en los libros de los hombres el modo de alabar y orar a Dios, como si os avergonzaseis del que su Hijo nos ha prescrito. Os persuadís de que las oraciones que están en los libros son para los sabios y para los ricos y el Rosario es sólo para las mujeres, para los niños, para el pueblo, como si las alabanzas y oraciones que leéis fueran más hermosas y agradables a Dios que las contenidas en la oración dominical. Es peligrosa tentación sentir hastío de la oración que Jesucristo nos ha recomendado para aficionarse a las oraciones compuestas por los hombres. No desaprobamos las compuestas por los santos para excitar a los fieles a alabar a Dios, pero no podemos sufrir que las prefieran a la oración que salió de la boca de la Sabiduría Encarnada y que dejen el manantial para correr tras los arroyos y que desdeñen el agua clara para beber la turbia. Porque al fin el Rosario, compuesto de la oración dominical y de la salutación angélica, es esa agua clara y perpetua que brota del manantial de la gracia, mientras que las otras oraciones que buscas y rebuscas en los libros no son sino pequeños arroyos que se derivan de ella.

**39.** Podemos llamar dichoso a quien, rezando la oración del Señor, pese atentamente cada palabra; ahí encuentra cuanto necesita y cuanto pueda desear.

Cuando rezamos esta admirable oración, cautivamos desde el primer momento el corazón de Dios, al invocarle con el dulce nombre de Padre: *Padre nuestro*, el más tierno de todos los padres, todopoderoso en la creación, admirabilísimo en la conservación del universo, amabilísimo en su Providencia, bonísimo e infinitamente bueno en la Redención. Dios es nuestro Padre, nosotros somos hermanos, el cielo es nuestra patria y nuestra herencia. ¿No nos inspirará esto, al mismo tiempo, el amor a Dios, el amor al prójimo y el desprendimiento de todo lo terreno? Amemos, pues, a un Padre como ése, y digámosle mil y mil veces: «Padre nuestro, *que estás en el cielo*: Vos que llenáis el cielo y la tierra por la inmensidad de vuestra esencia, que estáis presente en todas partes; Vos que estáis en los santos por vuestra gloria, en los condenados por vuestra justicia, en los justos por vuestra gracia y en los pecadores por vuestra paciencia que los sufre, haced que recordemos siempre nuestro origen celestial, que vivamos como verdaderos hijos vuestros, que tendamos siempre hacia Vos solamente con todo el ardor de nuestros deseos.»

*Santificado sea tu nombre*. El nombre del Señor es santo y temible, dice el profeta-rey, y en el cielo, según Isaías, resuenan las alabanzas con que los serafines aclaman sin cesar la santidad del Señor Dios de los ejércitos. Deseamos que toda la tierra conozca y adore los atributos de este Dios tan grande y tan santo: que sea conocido, amado y adorado de los paganos, de los turcos, de los judíos, de los bárbaros y de todos los infieles; que todos los hombres le sirvan y glorifiquen con fe viva, firme esperanza y ardiente caridad, renunciando a todos los errores; en una palabra, que todos los hombres sean santos porque Él lo es.

*Venga a nosotros tu reino.* Es decir, que reinéis en nuestras almas por vuestra gracia, durante la vida, a fin de que merezcamos después de nuestra muerte reinar con Vos en vuestro reino, que es la soberana y eterna felicidad que creemos, esperamos y deseamos, esa felicidad que nos está prometida por la bondad del Padre, que nos fue adquirida por los méritos del Hijo y que nos es revelada por las luces del Espíritu Santo.

*Hágase tu voluntad en la tierra como en el cielo.* Sin duda, nada puede sustraerse a las disposiciones de la divina Providencia, que tiene todo previsto y arreglado antes del suceso, ningún obstáculo es capaz de impedirle el fin que se ha propuesto, y cuando pedimos a Dios que se haga su voluntad, no es que temamos, dice Tertuliano, que alguno se oponga eficazmente a la ejecución de sus designios, sino que aceptamos humildemente cuanto le plugo ordenar respecto a nosotros; que cumplimos siempre y en todas las cosas su santa voluntad, manifiesta en sus mandamientos, con tanta prontitud, amor y constancia como los ángeles y bienaventurados le obedecen en el cielo.

**40.** *Danos hoy nuestro pan de cada día.* Jesucristo nos enseña a pedir a Dios cuanto necesitamos para la vida del cuerpo y la del alma. Por estas palabras de la oración dominical confesamos humildemente nuestra miseria y rendimos homenaje a la Providencia, declarando que creemos y queremos obtener de su bondad todos los bienes temporales. Bajo el nombre de pan pedimos lo que es indispensable para la vida, excluyendo lo superfluo. Este pan lo pedimos hoy, es decir, que limitamos al día nuestras solicitudes, confiando a la Providencia el mañana. Pedimos el pan de cada día, confesando así nuestras necesidades siempre en aumento y mostrando la continua dependencia en que estamos de la protección y socorro de Dios.

*Perdona nuestras ofensas, como también nosotros perdonamos a los que nos ofenden.* Nuestros pecados –dicen San Agustín y Tertuliano– son deudas que contraemos con Dios, y su justicia exige el pago hasta el último céntimo. Por tanto tenemos todas esas tristes deudas. A pesar del número de nuestras iniquidades, acerquémonos a Él confiadamente y digámosle con verdadero arrepentimiento: «Padre nuestro, que estás en el cielo, perdónanos los pecados de nuestro corazón y de nuestra boca, los pecados de acción y de omisión que nos hacen infinitamente culpables a los ojos de vuestra justicia; porque, como hijos de un padre clemente y misericordioso, perdonamos por obediencia y por caridad a nuestros ofensores. Y no permitas que, por infidelidad a vuestras gracias, sucumbamos a las tentaciones del mundo, del demonio y de la carne. Y líbranos del mal, que es el pecado, del mal de la pena temporal y de la pena eterna que hemos merecido.»

¡Amén! Palabra de gran consuelo que es, dice San Jerónimo, como el sello que Dios pone al fin de nuestras súplicas para asegurarnos de que nos ha escuchado, como si Él mismo nos respondiese: «¡Amén! Sea como pedís, ciertamente lo habéis conseguido», pues tal es el significado de la palabra ¡Amén!

## *Decimatercera Rosa*

### Excelencia del Padrenuestro

### (Continuación)

**41.** Honramos las perfecciones de Dios en cada palabra que decimos de la oración dominical. Honramos su fecundidad con el nombre de Padre. Padre que tenéis desde la eternidad un Hijo que es Dios como Vos mismo, eterno, consubstancial, que es una misma esencia, una misma potencia, una misma bondad, una misma sabiduría con Vos, Padre e Hijo que amándoos producís al Espíritu Santo, que es Dios, tres personas adorables que son un solo Dios.

*¡Padre nuestro!* Es decir, Padre de los hombres por la creación, por la conservación y por la redención. Padre misericordioso de los pecadores. Padre amigo de los justos, Padre magnífico

de los bienaventurados.

*Que estás*. Por esta palabra admiramos la inmensidad, la grandeza y la plenitud de la esencia de Dios, que se llama con verdad «El que es»: es decir, que existe esencialmente, necesariamente y eternamente, que es el Ser de los seres, la causa de todos los seres; que encierra eminentemente en Sí mismo las perfecciones de todos los seres; que está en todos por su esencia, presencia y potencia, sin estar encerrado en ellos. Honramos su sublimidad, su gloria y majestad en estas palabras: *que estás en el cielo*, es decir, como sentado en vuestro trono, ejerciendo vuestra justicia sobre todos los hombres.

Adoramos su santidad deseando que *su nombre sea santificado*. Reconocemos su soberanía y la justicia de sus leyes ansiando *la llegada de su reino* y que le obedezcan los hombres en la tierra como lo hacen los ángeles en el cielo. Creemos en su Providencia rogándole que nos dé *nuestro pan de cada día*. Invocamos su clemencia pidiéndole el *perdón de nuestros pecados*. Reconocemos su poder al rogarle que *no nos deje caer en la tentación*. Nos confiamos a su bondad esperando que *nos librará del mal*. El Hijo de Dios, que glorificó siempre a su Padre por sus obras, ha venido al mundo para que le glorifiquen los hombres y les enseñó la manera de honrarle con esta oración que Él mismo se dignó dictarles. Debemos, pues, rezarla con frecuencia, con atención y con el mismo espíritu que Él la compuso.

## *Decimacuarta Rosa*

### Excelencia del Padrenuestro

### (Conclusión)

**42.** Cuando rezamos atentamente esta divina oración, hacemos tantos actos de las más elevadas virtudes cristianas cuantas palabras pronunciamos. Diciendo: *Padre nuestro, que estás en el cielo*, hacemos actos de fe, adoración y humildad; y deseando que su nombre sea santificado y glorificado, aparece en nosotros un celo ardiente por su gloria.

Pidiéndole la posesión de su reino, practicamos la esperanza. Deseando que se cumpla su voluntad en la tierra como en el cielo, mostramos espíritu de perfecta obediencia. Al pedirle el pan nuestro de cada día, practicamos la pobreza de espíritu y el desasimiento de los bienes de la tierra. Rogándole que nos perdone nuestros pecados, hacemos un acto de arrepentimiento; y perdonando a los que nos ofendieron, ejercitamos la misericordia en su más alta perfección. Pidiéndole socorro en las tentaciones, hacemos actos de humildad, de prudencia y de fortaleza. Esperando que nos libre del mal, practicamos la paciencia. En fin, pidiéndole todas estas cosas no solamente para nosotros, sino también para el prójimo y para todos los fieles de la Iglesia, hacemos oficio de verdaderos hijos de Dios, le imitamos en la caridad, que alcanza a todos los hombres, y cumplimos el mandamiento de amar al prójimo.

**43.** Detestamos todos los pecados y observamos todos los mandamientos de Dios cuando al rezar esta oración siente nuestro corazón de acuerdo con la lengua y no tenemos ninguna intención contraria al sentido de estas divinas palabras. Pues cuando reflexionamos que Dios está en el cielo –es decir, infinitamente elevado sobre nosotros por la grandeza de su majestad–, entramos en los sentimientos del más profundo respeto en su presencia; y, sobrecogidos de temor, huimos del orgullo, abatiéndonos hasta el anonadamiento. Al pronunciar el nombre del Padre recordamos que debemos la existencia a Dios por medio de nuestros padres, y del mismo modo nuestra instrucción por medio de los maestros, que representan aquí, para nosotros, a Dios, de quien son vivas imágenes; y nos sentimos obligados a honrarles, o –por mejor decir– a honrar a Dios en sus personas, y nos guardamos muy bien de despreciarlos y afligirlos.

Cuando deseamos que el santo nombre de Dios sea glorificado, estamos muy lejos de profanarlo. Cuando miramos el reino de Dios como nuestra herencia, renunciamos en absoluto a los bienes de este mundo; cuando sinceramente rogamos para nuestro prójimo los bienes que deseamos para nosotros mismos, renunciamos al odio, a la disensión y a la envidia. Pidiendo a Dios nuestro pan de cada día, detestamos la gula y la voluptuosidad que se nutren de la abundancia. Rogando a Dios verdaderamente que nos perdone como nosotros perdonamos a nuestros deudores, reprimimos nuestra cólera y nuestra venganza, devolvemos bien por mal y amamos a nuestros enemigos. Pidiendo a Dios que no nos deje caer en el pecado en el momento de la tentación, demostramos huir de la pereza y que buscamos los medios de combatir los vicios y buscar nuestra salvación. Rogando a Dios que nos libre del mal, tememos su justicia y somos felices porque el temor de Dios es el principio de la sabiduría. Por el temor de Dios evita el hombre el pecado.

## *Decimaquinta Rosa*

### Excelencia del Avemaría

**44.** La salutación angélica es tan sublime, tan elevada, que el Beato Alano de la Roche ha creído que ninguna criatura puede comprenderla y que sólo Jesucristo, hijo de la Santísima Virgen, puede explicarla. Tiene origen su principal excelencia en la Santísima Virgen, a quien se dirigió, de su fin, que fue la Encarnación del Verbo –para la cual se trajo del cielo– y del arcángel San Gabriel, que la pronunció el primero.

La salutación resume en la síntesis más concisa toda la teología cristiana sobre la Santísima Virgen. Se encuentra en ella una alabanza y una invocación. Encierra la alabanza cuanto forma la verdadera grandeza de María; la invocación comprende todo lo que debemos pedirle y lo que de su bondad podemos alcanzar. La Santísima Trinidad ha revelado la primera parte; Santa Isabel, iluminada por el Espíritu Santo, añadió la segunda; y la Iglesia en el primer Concilio de Éfeso en 430[2], ha puesto la conclusión, después de condenar el error de Nestorio y de definir que la Santísima Virgen es verdaderamente Madre de Dios. El Concilio ordenó que se invocase a la Santísima Virgen bajo esta gloriosa cualidad, expresada por estas palabras: «Santa María, madre de Dios, ruega por nosotros, pecadores, ahora y en la hora de nuestra muerte.»

**45.** «La Santísima Virgen María fue aquella a quien se hizo esta divina salutación para llevar a

2. Dando por cierta una conjetura de San Pedro Canisio, había llegado a ser opinión corriente en tiempo del Santo Montfort –y todavía la sostienen no pocos– que la segunda parte del avemaría se añadió en el Concilio de Éfeso. Mejor estudiada hoy la cuestión, puede decirse que sustancialmente la fórmula «Santa María, Madre de Dios, ruega por nosotros» es todavía más antigua, como se ven en las liturgias siriaca, copta y etíope y en las letanías de la romana; pero como adición a la salutación angélica no consta que se usaran estas palabras hasta mucho después, y sólo desde el siglo XVI se han aceptado constantemente. (V. *Cartas Crítico-literarias* sobre el avemaría, por el M. I. Sr. Dr. Juan Ayneto, canónigo de Lérida, c. VI.)

cabo el asunto más grande e importante del mundo, la Encarnación del Verbo Eterno, la paz entre Dios y los hombres y la redención del género humano. Embajador de tan dichosa nueva fue el arcángel Gabriel, uno de los primeros príncipes de la corte celestial. La salutación angélica contiene la fe y la esperanza de los patriarcas, de los profetas y de los apóstoles; es la constancia y la fuerza de los mártires, la ciencia de los doctores, la perseverancia de los confesores y la vida de los religiosos.» (Beato Alano) «Es el cántico nuevo de la ley de gracia, la alegría de los ángeles y de los hombres, el terror y la confusión de los demonios.»

«Por la salutación angélica, Dios se hizo hombre, y la Virgen Madre de Dios; las almas de los justos salieron del limbo, las ruinas del cielo se repararon y los tronos vacíos se ocuparon de nuevo, se perdonó el pecado, se nos dio la gracia, curáronse las enfermedades, resucitaron los muertos, se llamó a los desterrados, se aplacó la Santísima Trinidad y obtuvieron los hombres la vida eterna. En fin, la salutación angélica es el arco iris, el emblema de la clemencia y de la gracia dadas al mundo por Dios.» (Beato Alano)

*Decimasexta Rosa*

## Bellezas de la salutación angélica

**46.** Aun cuando no hay nada tan grande como la Majestad Divina, ni nada tan abyecto como el hombre –considerado como pecador–, sin embargo, esta Majestad Suprema no desdeña nuestros homenajes; se complace cuando cantamos sus alabanzas. Y la salutación del ángel es uno de los cánticos más hermosos que podemos dirigir a la gloria del Altísimo. «Entonaré un cántico nuevo».[3] Este cántico nuevo que David predijo se cantaría a la venida del Mesías es la salutación del Arcángel. Hay un cántico antiguo y un cántico nuevo. El antiguo es el que cantaron los israelitas en reconocimiento de la creación, la conservación, la libertad de su esclavitud, el paso del Mar Rojo, el maná y todos los demás favores del cielo. El cántico nuevo es el que cantan los cristianos en acción de gracias por la Encarnación y por la Redención. Como estos prodigios se realizaron por la salutación del ángel, repetimos esta salutación para agradecer a la Santísima Trinidad estos beneficios inestimables. Alabamos a Dios Padre, porque tanto amó al

3. Sal 144 (143), 9.

mundo que llegó a darle su único Hijo para salvarle. Bendecimos al Hijo porque descendió del cielo a la tierra, porque se hizo hombre y porque nos ha redimido. Glorificamos al Espíritu Santo porque ha formado el cuerpo purísimo de Jesús, que fue la víctima de nuestros pecados. Con este espíritu de agradecimiento debemos rezar la salutación angélica, acompañándola de actos de fe, esperanza, amor y acción de gracias por el beneficio de nuestra salvación.

**47.** Aunque este cántico nuevo se dirige directamente a la Madre de Dios y encierra sus elogios, es, no obstante, muy glorioso para la Santísima Trinidad, porque todo el honor que rendimos a la Santísima Virgen vuelve a Dios, causa de todas sus perfecciones y virtudes. Dios Padre es glorificado porque honramos a la más perfecta de sus criaturas. El Hijo es glorificado porque alabamos a su purísima Madre. El Espíritu Santo es glorificado porque admiramos las gracias de que fue colmada su Esposa.

Del mismo modo que la Santísima Virgen, con su hermoso Magnificat, dedica a Dios las alabanzas y bendiciones que le tributa Santa Isabel por su eminente dignidad de Madre del Señor, envía también inmediatamente a Dios los elogios y bendiciones que le hacemos por la salutación angélica.

**48.** Si la salutación angélica da gloria a la Santísima Trinidad, es también la más perfecta alabanza que podemos dirigir a María.

Santa Matilde, deseando saber por qué medio podría testimoniar mejor la ternura de su devoción a la Madre de Dios, fue arrebatada en espíritu, y se le apareció la Santísima Virgen llevando sobre el pecho la salutación angélica escrita en letras de oro, y le dijo: «Sabe, hija mía, que nadie puede honrarme con una salutación más agradable que la que me ofreció la Beatísima Trinidad, por la cual me elevó a la dignidad de Madre de Dios. Por la palabra «*ave*», que es el nombre de Eva, supe que Dios, con su omnipotencia, me había preservado de todo pecado y de las miserias a que estuvo sujeta la primera mujer. El nombre de *María,* que significa «Señora de luz», indica que Dios me llenó de sabiduría y de luz, como astro brillante, para iluminar el cielo y la tierra. Las palabras «*llena de gracia*» expresan que el Espíritu Santo me colmó de tantas gracias, que puedo comunicarlas con abundancia a quienes las piden por mediación mía. Diciendo «*el Señor es contigo*», se me recuerda el gozo inefable que sentí en la Encarnación del Verbo divino. Cuando se me dice «*bendita tú eres entre todas las mujeres*», alabo a la divina misericordia, que me elevó a tan alto grado de felicidad. A las palabras: «*bendito es el fruto de tu vientre, Jesús*», todo el cielo se regocija de ver a Jesús, Hijo mío, adorado y glorificado por haber salvado a los hombres.»

## *Decimaséptima Rosa*

### Frutos maravillosos del Avemaría

**49.** Entre las cosas admirables que la Santísima Virgen reveló al Beato Alano de la Roche –y sabemos que este gran devoto de María confirmó con juramento sus revelaciones–, hay tres más notables: la primera, que es señal probable e inmediata de eterna reprobación tener negligencia, tedio y aversión a la salutación angélica, que ha reparado el mundo; la segunda, que los que sienten devoción a esta salutación divina tienen grandes probabilidades de predestinación; la tercera, que los que han recibido del cielo el favor de amar a la Santísima Virgen y servirla por afecto deben cuidar con el mayor esmero de continuar amándola y sirviéndola hasta que Ella los coloque en el cielo, por medio de su Hijo, en el grado de gloria conveniente a sus méritos (Beato Alano).

**50.** Todos los herejes, que son hijos del diablo, y que llevan las señales evidentes de la reprobación, tienen horror al avemaría; aprenden el padrenuestro, pero no el avemaría y preferirían llevar sobre sí una serpiente antes que un Rosario.

Entre los católicos, los que llevan el signo de la reprobación no se cuidan apenas del Rosario, son negligentes en rezarlo o lo rezan con fastidio y precipitadamente.

Aunque yo no aceptara con fe piadosa lo revelado al Beato Alano de la Roche, mi experiencia me basta para estar persuadido de esta terrible y dulce verdad. Yo no sé, ni veo con claridad cómo es que una devoción aparentemente tan pequeña puede ser señal infalible de eterna salvación, y su defecto, signo de reprobación; y no obstante, nada más cierto. Nosotros mismos vemos que quienes en nuestros días profesan las doctrinas nuevas condenadas por la Iglesia[4], a pesar de su piedad aparente, descuidan la devoción del Rosario y con frecuencia lo separan del corazón de quienes les rodean, con los pretextos más hermosos del mundo. Se guardan muy bien de condenar abiertamente el Rosario y el escapulario, como hicieron los calvinistas; pero su manera de conducirse es tanto más perniciosa cuanto más sutil. Hablaremos de ello a continuación.

**51.** Mi avemaría, mi Rosario o mi corona, son mi oración preferida y mi muy segura piedra de toque para distinguir a los que van dirigidos por el espíritu de Dios de los que están bajo la ilusión del espíritu maligno. He conocido almas que parecían volar, como las águilas, hasta las nubes, por su sublime contemplación, y que, no obstante, eran desdichadamente engañadas por el demonio, y sólo pude descubrir sus ilusiones al

4. Los jansenistas.

verlas rechazar el avemaría como algo que resultaba poco para ellas.

El avemaría es un rocío celeste y divino que, al caer en el alma de un predestinado, le comunica admirable poder para producir toda clase de virtudes; y cuanto más regada está el alma por esta oración, más se ilumina su espíritu, más se abrasa su corazón y fortifica contra sus enemigos.

El avemaría es un dardo penetrante e inflamado, que, unido por un predicador a la palabra de Dios que anuncia, le da fuerza para atravesar y convertir los corazones más duros, aun cuando no tenga el orador extraordinario talento natural para la predicación. Ésta fue la secreta arma que, como dejo dicho, enseñó la Santísima Virgen a Santo Domingo y al Beato Alano para convertir a los herejes y a los pecadores.

Éste es el origen de la práctica de los predicadores de rezar un avemaría al principio de sus predicaciones, según asegura San Antonino.

## *Decimaoctava Rosa*

### Bendiciones del Avemaría

**52.** Esta divina salutación atrae sobre nosotros la bendición abundante de Jesús y María, porque es principio infalible que Jesús y María recompensan magnánimamente a quienes les glorifican: devuelven centuplicadas las bendiciones que reciben: «Amo a los que me aman... enriquezco a aquellos que me aman y colmo sus bodegas.» (Prov 8, 17 ... 21). Es lo que claman claramente Jesús y María: «Amamos a quienes nos aman, los enriquecemos y colmamos sus bodegas.» (2 Cor 9, 6).

«Los que siembran bendiciones, recogerán bendiciones.» Ahora bien, rezar debidamente la salutación angélica ¿no es amar, bendecir y glorificar a Jesús y María? En cada avemaría decimos una bendición doble, una a Jesús y otra a María: «Bendita tú eres entre todas las mujeres y bendito es el fruto de tu vientre, Jesús.» Por cada avemaría rendimos a María el mismo honor que Dios le rindió, saludándola con el arcángel Gabriel. ¿Quién podrá creer que Jesús y María –que tantas veces hacen bien a quienes les maldicen– lancen maldición contra quienes les honran y bendicen con el avemaría?

La Reina de los cielos, dicen San Bernardo y San Buenaventura, no es menos agradecida y cortés que las personas de más alta condición del mundo; las aventaja en tal virtud como en todas las demás perfecciones y no dejará que la honremos respetuosamente sin damos el ciento por uno. María –dice San Buenaventura– nos saluda con la gracia si la saludamos con el avemaría.

¿Quién podrá comprender las gracias y bendiciones que operan en nosotros el saludo y las miradas benignas de la Santísima Virgen?

Desde el momento en que oyó Santa Isabel el saludo que le hacía la Madre de Dios, fue llena del Espíritu Santo, y su niño saltaba de gozo. Si nos hacemos dignos del saludo y la bendición recíprocos de la Santísima Virgen, seremos sin duda llenos de gracia, y un torrente de consuelos espirituales inundará nuestras almas.

## *Decimanona Rosa*

### FELIZ PERMUTA

**53.** Está escrito: «Dad y se os dará.» Tomemos la comparación del Beato Alano: «Si yo os diese cada día ciento cincuenta diamantes, ¿no me perdonaríais aunque fuerais mi enemigo? ¿No me otorgaríais como a amigo todas las gracias posibles? ¿Queréis enriqueceros con bienes de gracia y de gloria? Saludad a la Santísima Virgen, honrad a vuestra bondadosa Madre.»

«El que honra a su Madre, la Santísima Virgen, es como el que atesora». (Si 3, 5)

Presentadle, al menos, cincuenta avemarías diariamente, cada una de las cuales contiene quince piedras preciosas, que le son más agradables que todas las riquezas de la tierra. ¿Qué no podréis esperar de su liberalidad? Ella es nuestra Madre y nuestra amiga. Es la Emperatriz del Universo, que nos ama más que todas las madres y reinas reunidas amaron a hombre alguno, porque, como dice San Agustín, la caridad de la Virgen María excede a todo el amor natural de todos los hombres y de todos los ángeles.

**54.** Nuestro Señor se apareció un día a Santa Gertrudis contando monedas de oro; ella tuvo curiosidad de preguntarle qué contaba. «Cuento –respondió Jesucristo– tus avemarías: son la moneda con que se compra mi paraíso.»

El devoto y docto Suárez, de la Compañía de Jesús, estimaba de tal modo la salutación angélica, que decía que con gusto daría toda su ciencia por el precio de un avemaría bien dicha.

**55.** El Beato Alano de la Roche se dirige así a la Santísima Virgen: «Que quien te ama, oh excelsa María, escuche esto y se llene de gozo:

»El cielo exulta de dicha, y de admiración la tierra, cuando digo Ave, María.

»Satán huye temeroso y el infierno tembloroso, cuando digo Ave, María.

»Mientras aborrezco al mundo, en amor de Dios me inundo cuando digo Ave, María.

»Mis temores se disipan, mis pasiones se apaciguan, cuando digo Ave, María.

»Se aumenta mi devoción y alcanzo la contrición cuando digo Ave, María.

»Se confirma mi esperanza, mi consuelo se agiganta, cuando digo Ave, María.

»Mi alma de gozo palpita, mi tristeza se disipa, cuando digo Ave, María, porque la dulzura de esta suavísima salutación es tan grande que no hay término apropiado para explicarla debidamente, y después que hubiera uno dicho de ella maravillas, resultaría aún tan escondida y profunda que no podríamos descubrirla. Es corta en palabras, pero grande en misterios; es más dulce que la miel y más preciosa que el oro. Es preciso tenerla frecuentemente en el corazón para meditarla y en la boca para decirla y repetirla devotamente.»

Refiere el mismo Beato Alano, en el capítulo LXIX de su *Salterio*, que una religiosa muy devota del Rosario se apareció después de su muerte a una de sus hermanas y le dijo: «Si pudiera volver a mi cuerpo para decir solamente un avemaría, aun cuando fuera sin mucho fervor, por tener el mérito de esa oración, sufriría con gusto cuantos dolores padecí antes de morir.» Hay que advertir que había sufrido durante varios años crueles dolores.

**56.** Miguel de Lisle, Obispo de Salubre, discípulo y colega del Beato Alano de la Roche en el restablecimiento del Santo Rosario, dice que la salutación angélica es el remedio de todos los males que nos afligen, con tal que la recemos devotamente en honor de la Santísima Virgen.

## *Vigésima Rosa*

### Breve explicación del Avemaría

**57.** ¿Estáis en la miseria del pecado? Invocad a la divina María; decirle: «Ave», que quiere decir: «Os saludo con profundo respeto, oh Señora, que sois sin pecado, sin desgracia.» Ella os librará del mal de vuestros pecados.

¿Estáis en las tinieblas de la ignorancia o del error? Venid a María; decidle: «Ave, María», es decir: «Iluminada con los rayos del sol de justicia». Ella os comunicará sus luces.

¿Estáis separados del camino del cielo? Invocad a María, que quiere decir: Estrella del mar y Estrella polar que guía nuestra navegación en este mundo. Ella os conducirá al puerto de eterna salvación.

¿Estáis afligidos? Recurrid a María, que quiere decir: «mar amargo», que fue llena de amarguras en este mundo, al presente cambiada en mar de purísimas dulzuras en el cielo. Ella convertirá vuestra tristeza en alegría y vuestras aflicciones en consuelos.

¿Habéis perdido la gracia? Honrad la abundancia de gracias de que Dios llenó a la Santísima Virgen; decidle: «Llena de Gracia y de todos los dones del Espíritu Santo.» Ella os dará sus gracias.

¿Os sentís solos y abandonados de Dios? Dirigíos a María y decidle: «El Señor es contigo más noble e íntimamente que en los justos y los santos, porque eres con Él una misma cosa; pues, siendo tu Hijo, su carne es tu carne, y, dado que eres su Madre, estás con el Señor por perfecta semejanza y mutua caridad.» Decidle, en fin: «Toda la Trinidad Santísima está contigo, pues Tú eres su Templo precioso.» Ella os colocará bajo la protección y salvaguardia de Dios.

¿Habéis llegado a ser objeto de la maldición de Dios? Decid: «Eres bendita entre todas las mujeres y de todas las naciones por tu pureza y gran poder; Tú cambiaste la maldición divina en bendición.» Ella os bendecirá.

¿Estáis hambrientos del pan de la gracia y del pan de la vida? Acercaos a la que ha llevado el pan vivo que descendió del cielo; decidle: «Bendito es el fruto de tu vientre, que concebiste sin detrimento de tu virginidad, que llevaste sin trabajo y que diste a la vida sin dolor. Sea bendito Jesús, que rescató del cautiverio al mundo, que curó al mundo enfermo, resucitó al hombre muerto, hizo volver al desterrado, justificó al hombre criminal, salvó al hombre condenado.» Sin duda tu alma será saciada del pan de la gracia en esta vida y de la gloria eterna en la otra. Amén.

**58.** Concluid vuestra oración con la Iglesia, y decid: «Santa María, santa en cuerpo y alma, santa por tu abnegación singular y eterna en el servicio de Dios, santa en calidad de Madre de Dios, que te ha dotado de una santidad eminente, como convenía a tan infinita dignidad. Madre de Dios y también Madre nuestra, nuestra Abogada y Mediadora, Tesorera y Dispensadora de las gracias de Dios, procúranos prontamente el perdón de nuestros pecados y nuestra reconciliación con la Majestad divina. Ruega por nosotros, pecadores, pues tienes tanta compasión con los miserables, que no desprecias ni rechazas a los pecadores, sin los cuales no serías la Madre del Salvador. Ruega por nosotros ahora, durante el tiempo de esta corta vida frágil y miserable; ahora, porque sólo nos pertenece el momento presente; ahora, que estamos acometidos y rodeados noche y día de poderosos y crueles enemigos, y en la hora de nuestra muerte, tan terrible y peligrosa, en que nuestros espíritus y nuestros cuerpos estarán abatidos por el dolor y el terror; en la hora de nuestra muerte, en que Satanás redoblará sus esfuerzos por nuestra eterna perdición; en esa hora en que se decidirá nuestra suerte dichosa o desgraciada para toda la eternidad. Ven en auxilio de tus pobres hijos; Oh Madre compasiva, abogada y refugio de los pecadores; aleja de nosotros en la hora de la muerte a los demonios, enemigos y acusadores nuestros, cuyo aspecto horroroso nos espanta. Ven a iluminamos en las tinieblas de la muerte. Condúcenos, acompáñanos al tribunal de nuestro Juez, tu Hijo, intercede por nosotros para que nos perdone y nos reciba en el número de sus escogidos en la mansión de la gloria eterna.» Amén: Así sea.

**59.** ¿Quién no admirará la excelencia del Santo Rosario, compuesto de dos parte divinas: la oración dominical y la salutación angélica? ¿Hay oraciones más gratas a Dios y a la Santísima Virgen, más fáciles, más dulces y más saludables para los hombres?

Tengámoslas en el corazón y en la boca para honrar a la Santísima Trinidad, a Jesucristo nuestro salvador y a su Santísima Madre. Además, al fin de cada decena es conveniente añadir el Gloria Patri, etc., es decir: Gloria al Padre y al Hijo y al Espíritu Santo, Dios, por todos los siglos de los siglos[5]. Así sea.

5. «El Gloria Patri es una feliz innovación en el rezo del Rosario. ¿No podría atribuirse al mismo Santo Montfort?» (Nota del editor francés.)

No podemos admitir esta suposición, pues el dominico Juan de Muylly, que escribía en 1240, testifica que ya entonces se añadía el «Gloria» a las decenas del Rosario. (V. *Enciclopedia Espasa*, vol. 52, p. 350.)

## TERCERA DECENA

## Excelencia del Santo Rosario en la meditación de la vida y pasión de Nuestro Señor Jesucristo

---

*Vigésimaprimera Rosa*

### Los quince Misterios del Rosario

**60.** Misterio es una cosa sagrada y difícil de comprender. Las obras de Jesucristo son todas sagradas y divinas, porque es Dios y hombre al mismo tiempo. Las de la Santísima Virgen son muy santas, porque es la más perfecta de las puras criaturas. Se llaman, con razón, las obras de Jesucristo y de su Santa Madre, misterios, porque están repletas de maravillas, de perfecciones e instrucciones profundas y sublimes, que el Espíritu Santo descubre a los humildes y a las almas sencillas que le honran. También pueden llamarse las obras de Jesús y María flores admirables, cuyo olor y hermosura sólo conocen quienes se acercan a ellas, las olfatean y las abren por medio de una atenta y seria meditación.

**61.** Santo Domingo dividió la vida de Jesucristo y la de la Santísima Virgen en quince misterios que nos representan sus virtudes y principales acciones, como quince cuadros cuyos trazos deben servirnos de regla y ejemplo para la dirección de nuestra vida[1]. Son quince antorchas para guiarnos en este mundo, quince brillantes focos para conocer a Jesús y María, para conocernos a nosotros mismos y para encender el fuego de su amor en nuestros corazones, quince hogueras para consumirnos completamente con sus celestes llamas.

La Santísima Virgen enseñó a Santo Domingo este excelente método de orar y le ordenó predicarlo para despertar la piedad de los cristianos y hacer revivir el amor de Jesucristo en sus corazones. También lo enseñó al Beato Alano de la Roche. «Es una oración muy útil –le dijo–, es un obsequio que me agrada mucho, el rezo de ciento cincuenta salutaciones angélicas. Y lo es aún más, y harán aún mucho mejor, quienes recen las salutaciones meditando la vida, pasión y gloria de Jesucristo, porque esta meditación es

1. No consta que Santo Domingo hiciera esta división de quince asuntos para los misterios del Rosario que no aparece fijada hasta siglos más tarde. Lo que sí puede admitirse es que Santo Domingo enseñó a meditar los misterios de la vida de Cristo al rezar el Rosario, como parece por algunas pinturas de Fray Angélico y por las ilustraciones del tratadito «Sobre los nueve modos de orar del señor Santo Domingo», que es muy antiguo. (V. P. Getino, «¿Fue Santo Domingo fundador del Rosario?», *Ciencia Tomista*, XXIV.)

el alma de tales oraciones.» En efecto, el Rosario, sin meditar los misterios de nuestra salvación, sería casi como un cuerpo sin alma, una excelente materia, sin su forma peculiar que la distingue de las demás devociones.

**62.** La primera parte del Rosario se compone de cinco misterios; el primero es el de la *Anunciación* del Arcángel Gabriel a la Santísima Virgen, el segundo el de la *Visitación* de la Santísima Virgen a Santa Isabel, el tercero es el de la Natividad de Jesucristo, el cuarto el de la *Presentación* del Niño Jesús en el templo y la purificación de la Santísima Virgen, el quinto el del *Encuentro* de Jesús en el templo entre los doctores. Se llaman misterios gozosos a causa del gozo que proporcionaron a todo el universo. La Santísima Virgen y los ángeles fueron llenos de júbilo en el dichoso momento de la Encamación. Santa Isabel y San Juan Bautista se colmaron de alegría con la visita de Jesús y María. El cielo y la tierra celebraron el nacimiento del Salvador. Simeón fue consolado y regocijado cuando recibió a Jesús en sus brazos. Los doctores estaban arrebatados de admiración al oír las respuestas de Jesús; y ¿quién podrá expresar la alegría de María y de José al encontrar a Jesús después de tres días de ausencia?

**63.** La segunda parte del Rosario se compone también de cinco misterios, que se llaman misterios dolorosos, porque nos representan a Jesucristo abrumado de tristeza, cubierto de llagas, cargado de oprobios, de dolores y de tormentos. El primero de estos misterios es el de la oración de Jesús y su *Agonía* en el Huerto de los Olivos, el segundo su *Flagelación*, el tercero su *Coronación de espinas*, el cuarto el de la *Cruz a cuestas* y el quinto el de la *Crucifixión* y muerte sobre el Calvario.

**64.** La tercera parte del Rosario contiene otros cinco misterios, llamados gloriosos, porque contemplamos en ellos a Jesús y María en el triunfo y en la gloria. El primero es el de la *Resurrección* de Jesucristo, el segundo su *Ascensión*, el tercero el de la *Venida del Espiritu Santo* sobre los Apóstoles, el cuarto la gloriosa *Asunción* de la Virgen y el quinto su *Coronación*.

He ahí las quince olorosas flores del rosal místico, sobre las cuales las almas piadosas se detienen como diligentes abejas, para recoger el jugo admirable y producir la miel de una sólida devoción.

## *Vigésima segunda Rosa*

### La meditación de los misterios nos conforma a Jesús

**65.** El principal cuidado del alma cristiana es caminar hacia la perfección. «Sed fieles imitadores de Dios, como hijos suyos queridísimos que sois», nos dice el gran Apóstol. Esta obligación está comprendida en el decreto eterno de nuestra predestinación como el único medio debidamente ordenado para conseguir la gloria eterna. San Gregorio de Nisa dice gráficamente que somos pintores. Nuestra alma es el lienzo sobre el cual debemos aplicar el pincel; las virtudes son los colores que deben prestarle belleza; y el original que debemos copiar es Jesucristo, imagen viva que representa perfectamente al Padre eterno. De modo que, así como un pintor, para hacer un retrato al natural, pone el original ante sus ojos y a cada pincelada vuelve a mirarlo, del mismo modo el cristiano debe tener siempre ante sus ojos la vida y las virtudes de Jesucristo, para no decir, hacer ni pensar nada sino conforme a Él.

**66.** Para ayudarnos en la obra importante de nuestra predestinación, la Santísima Virgen ordenó a Santo Domingo exponer a los fieles que recen el Rosario los misterios sagrados de la vida de Jesucristo, no solamente para que le adoren y glorifiquen, sino principalmente para que regulen su vida y sus acciones con sus virtudes. Ahora bien, de igual manera que los hijos llegan a imitar a sus padres viéndoles y conversando con ellos y aprenden su lengua oyéndoles hablar, como un aprendiz consigue dominar su arte viendo trabajar a su maestro, así también los fieles cofrades del Rosario, considerando seria y devotamente las virtudes de Jesucristo en los quince misterios de su vida, se hacen semejantes a su Maestro divino, con el auxilio de su gracia y por la intercesión de la Santísima Virgen.

**67.** Si Moisés ordenó al pueblo hebreo de parte de Dios mismo que jamás olvidase los beneficios de que había sido colmado, con mayor razón el Hijo de Dios puede mandarnos que grabemos en nuestro corazón y tengamos constantemente ante nuestros ojos los misterios de su vida, de su pasión y de su gloria, puesto que son beneficios con que Él nos ha favorecido y con los cuales mostró el exceso de su amor por nuestra salvación. «¡Oh vosotros que pasáis por el camino, mirad y ved si hay dolor comparable a mi dolor, que sufro por vosotros!»[2] «Acordaos de mi pobreza y vida errante, del ajenjo y amargor que sufrí por vosotros en mi pasión.»[3]

Estas palabras y muchas otras que pudiéramos recordar, nos convencen sobradamente de la obligación en que estamos de no contentarnos con rezar vocalmente el Rosario en honor de Jesucristo y de la Santísima Virgen, sino ir meditando al mismo tiempo sus misterios sagrados.

2. Lm 1, 12.
3. Lm 3, 19.

*Vigésima tercera Rosa*

## El Rosario, memorial de la vida y muerte de Jesús

**68.** Jesucristo, el divino esposo de nuestras almas, nuestro dulcísimo amigo, desea que recordemos sus beneficios y los estimemos sobre todas las cosas. Tiene gloria accidental, como también la Santísima Virgen y todos los santos del cielo, cuando meditamos con afectuosa devoción los misterios sagrados del Rosario, que son los más visibles efectos de su amor a nosotros y los más ricos presentes que pudo hacernos, pues por ellos gozan de la gloria la Santísima Virgen y todos los santos.

La Beata Ángela de Foligno pidió un día a Nuestro Señor que le indicara con qué ejercicio podía honrarle más. Y apareciéndosele en la Cruz, le dijo: «Hija mía, contempla mis llagas.» Aprendió de este amable Salvador que nada le es más agradable que la meditación de sus sufrimientos. Después le descubrió las heridas de su cabeza y varias circunstancias de sus tormentos Y le dijo: «He sufrido todo esto por tu salvación, ¿qué podrías hacer que iguale mi amor por ti?»

**69.** El Santo Sacrificio de la Misa honra infinitamente a la Santísima Trinidad, porque representa la pasión de Jesucristo Y por medio de ella ofrecemos los méritos de su obediencia, de sus sufrimientos y de su sangre. Toda la corte celestial recibe con la Santa Misa gloria accidental, y varios doctores, con Santo Tomás, nos dicen, por la misma razón, que el cielo se alegra de la Comunión de los fieles, porque el Santísimo Sacramento es un memorial de la pasión y muerte de Jesucristo, y por él participan los hombres de estos frutos y adelantan en el negocio de su salvación.

Ahora bien, el Rosario –rezado con la meditación de los misterios sagrados– es un sacrificio de alabanzas a Dios por el beneficio de nuestra Redención y un devoto recuerdo de los sufrimientos, muerte y gloria de Jesucristo. Es, pues, cierto que el Rosario causa gloria, cierta alegría accidental a Jesucristo, a la Santísima Virgen y a todos los bienaventurados, porque no desean más, para nuestra dicha eterna que vernos ocupados en un ejercicio tan glorioso para nuestro Salvador y tan saludable para nosotros.

**70.** Nos asegura el Evangelio que un pecador que se convierte y hace penitencia causa alegría a todos los ángeles. Si es suficiente para alegrar a los ángeles que un pecador deje sus pecados y haga penitencia, ¿qué alegría, qué júbilo será para toda la corte celestial, qué gloria para el mismo Jesucristo, vernos en la tierra meditar devotamente y con amor sus abatimientos, sus tormentos y su muerte cruel e ignominiosa? ¿Hay nada más eficaz para tocarnos y llevarnos a sincera penitencia?

El cristiano que no medita los misterios del Rosario demuestra gran ingratitud hacia Jesucristo y la poca estima que hace de cuanto el divino Salvador ha sufrido por la salvación del mundo. Su conducta parece decir que desconoce la vida de Jesucristo, que pone poco cuidado en aprender lo que ha hecho, lo que ha sufrido para salvarnos. Este cristiano puede temer que, no habiendo conocido a Jesucristo, o habiéndole olvidado, lo rechace el día del juicio con este reproche: «En verdad te digo que no te conozco.»

Meditemos, pues, la vida y sufrimientos del Salvador durante el Santo Rosario, aprendamos a conocerle y reconocer sus beneficios para que Él nos reconozca como hijos y amigos suyos en el día del juicio.

## *Vigésima cuarta Rosa*

### La meditación de los misterios del Rosario es un gran medio de perfección

**71.** Los santos hacían objeto principal de su estudio la vida de Jesucristo, meditaban sus virtudes y sufrimientos, y por este medio llegaron a la perfección cristiana. San Bernardo empezó por este ejercicio, que continuó siempre. «Desde el principio de mi conversión –dice– hice un ramo de mirra compuesto con los dolores de mi Salvador, puse este ramo sobre mi corazón pensando en los azotes, las espinas y los clavos de la pasión y aplicaba todo mi ingenio a meditar todos los días estos misterios.»

Éste es también el ejercicio de los santos mártires; nos admira la forma como triunfaron de los más crueles tormentos, ¿de dónde pudiera venir aquella admirable constancia de los mártires, dice San Bernardo, sino de las llagas de Jesucristo, acerca de las cuales hacían ellos frecuente meditación? ¿Dónde estaba el alma de estos generosos atletas cuando su sangre corría y su cuerpo era triturado por los suplicios? Su alma estaba en las llagas de Jesucristo, y estas llagas los hacían invencibles.

**72.** La Santísima Madre del Salvador ocupó toda su vida en meditar las virtudes y sufrimientos de su Hijo. Cuando oyó a los ángeles entonar en su nacimiento cánticos de alegría, cuando vio a los pastores adorarlo en el establo, se llenó de admiración y meditaba sobre todas estas maravillas. Comparaba las grandezas del Verbo encarnado con sus profundos abatimientos; la paja y el pesebre, con su trono y con el seno de su Padre; con el poder de un Dios, con la debilidad de un niño; su sabiduría, con su sencillez.

La Santísima Virgen dijo un día a Santa Brígida: «Cuando contemplaba la hermosura, la modestia, la sabiduría de mi Hijo, mi alma se sentía transportada de alegría, y cuando consideraba que sus manos y sus pies habían de ser atravesados con clavos, vertía un torrente de lágrimas, partiéndoseme el corazón de dolor.»

**73.** Después de la Ascensión de Jesucristo, la Santísima Virgen dedicó el resto de su vida a visitar los lugares que este divino Salvador había santificado con su presencia y con sus tormentos. Allí meditaba sobre el exceso de su caridad y los rigores de su Pasión. Ése era también el ejercicio continuo de María Magdalena durante los treinta años que vivió en la Sainte-Baume[4]. En fin, San Jerónimo dice que ésa era la devoción de los primeros fieles. Iban, de todos los países del mundo, a Tierra Santa, para grabar más profundamente en sus corazones el amor y el recuerdo del Salvador de los hombres con la vista de los objetos y lugares por Él consagrados con su nacimiento, sus trabajos, sus sufrimientos y su muerte.

**74.** Todos los cristianos tienen una sola fe, adoran a un solo Dios, esperan una misma felicidad en el cielo; sólo conocen un mediador, que es Jesucristo; todos deben imitar este modelo divino y para ello considerar los misterios de su vida, sus virtudes y su gloria. Es un error imaginarse que la meditación de las verdades de la fe y de los misterios de la vida de Jesucristo es sólo para los

---

4. La Sainte Baume (Santa Cueva) es una gruta situada en la Provenza, donde es tradición que Santa María Magdalena pasó los últimos años de su vida.

sacerdotes, religiosos y aquellos que se han retirado fuera del mundo. Si los religiosos y eclesiásticos están obligados a meditar acerca de las grandes verdades de nuestra santa religión, para responder dignamente a su vocación, los seglares están igualmente obligados, a causa de los peligros que tienen diariamente de perderse. Deben, pues, armarse con el frecuente recuerdo de la vida, de las virtudes y de los sufrimientos del Salvador, que nos representan los quince [veinte] misterios del Santo Rosario.

## *Vigésima quinta Rosa*

### Riquezas de santificación encerradas en las oraciones y meditaciones del Rosario

**75.** Jamás podrá nadie comprender el tesoro admirable de santificación que encierran las oraciones y los misterios del Santo Rosario. Esta meditación de los misterios de la vida y muerte de Nuestro Señor Jesucristo es, para todos los que la practican, manantial de maravillosos frutos. Hoy se quieren cosas que espanten, que conmuevan, que produzcan en el alma impresiones profundas. Y ¿qué hay en el mundo más conmovedor que la historia maravillosa de nuestro Redentor, desarrollada en quince [veinte] cuadros que nos recuerdan las grandes escenas de la vida, la muerte y la gloria del Salvador del mundo? ¿Qué oraciones son más excelentes y sublimes que la oración dominical y el Ave del ángel? En ellas se encierran todos nuestros deseos y necesidades.

**76.** La meditación de los misterios y oraciones del Rosario es la más fácil de las oraciones, porque la diversidad de virtudes y estados de Jesucristo que en ellos se estudian, recrea y fortifica maravillosamente el espíritu e impide las distracciones. Los sabios encuentran en estas fórmulas la doctrina más profunda y los pequeños las instrucciones más familiares.

Es preciso pasar por esta sencilla meditación para elevarse al grado más sublime de contemplación. Tal es la opinión de Santo Tomás de Aquino y el consejo que nos da cuando dice que es necesario ejercitarse de antemano, como en un campo de batalla, en la adquisición de todas las virtudes, de las que son modelos perfectos los misterios del Rosario; porque es ahí –dice el sabio Cayetano– donde adquirimos la unión íntima con Dios, sin la cual la contemplación es sólo una ilusión capaz de seducir a las almas.

**77.** Si los falsos iluminados de nuestros días –los quietistas– hubieran seguido este consejo, no hubieran tenido tan vergonzosas caídas, ni causado tantos escándalos en cuestiones de devoción. Es una engañosa ilusión del demonio creer que puedan componerse oraciones más sublimes que el *Pater* y el *Ave*.

Habituándose a estas divinas oraciones, que son el sostén, la fuerza y la guardia del alma, reconozco que no es necesario rezarlas siempre vocalmente, ya que la oración interior en cierto modo es más perfecta que la vocal; pero os aseguro que es muy peligroso, por no decir pernicioso, abandonar voluntariamente el rezo del Rosario bajo el pretexto de una unión más perfecta con Dios. El alma sutilmente orgullosa, engañada por el demonio meridiano, hace todo cuanto puede interiormente para elevarse al grado sublime de las oraciones de los santos, y desprecia y deja por esto sus antiguos rezos, buenos en su sentir para la generalidad de las almas. Se hace sorda a las oraciones y la salutación de un ángel y aun a la oración que un Dios ha hecho, practicado y recomendado: «Sic orabitis: Pater noster oraréis así», y de este modo va cayendo de ilusión en ilusión, de precipicio en precipicio.

**78.** Créeme, amado cofrade del Rosario, ¿quieres llegar a un alto grado de oración sin afectación y sin caer en las ilusiones del demonio, tan frecuentes en las personas de oración? reza diariamente, si puedes, el Rosario, o al menos una parte de él.[5]

¿Has llegado a él por la gracia de Dios? Si quieres conservarte en él y crecer en la humildad,

---

5. «Cualquiera –justo o pecador– que acuda a ella con devoto respeto no será engañado ni devorado por el demonio infernal.» Revelaciones de Santa Catalina de Siena. (*Nota del Autor*).

conserva la práctica del Rosario, porque un alma que rece el Rosario todos los días jamás será formalmente herética, ni será engañada por el demonio; es una afirmación que rubricaría con mi sangre. Si, no obstante, Dios, en su infinita misericordia, te atrae, en medio del Rosario, tan poderosamente como a algunos santos, déjate arrastrar por su atractivo, deja a Dios actuar y orar en ti y recitar el Rosario a su manera, y que esto te baste en aquel día. Pero si sólo estás en la contemplación activa u oración ordinaria de quietud, de presencia de Dios y de afecto, tendrás menos excusa para dejar el Rosario, y, rezándolo, lejos de retroceder en la oración y la virtud, te será maravillosa ayuda y la verdadera escala de Jacob, de quince [veinte] escalones por los cuales iréis de virtud en virtud, de luz en luz, y llegaréis fácilmente, sin engaños, hasta la plenitud de la edad de Jesucristo.

## *Vigésima sexta Rosa*

### El Rosario, oración sublime

**79.** Guardaos de imitar la obstinación de aquella devota de Roma de quien tanto hablan *Las maravillas del Rosario*. Era una persona tan devota y tan fervorosa que confundía con su santa vida a los religiosos más austeros de la

Iglesia de Dios. Deseaba consultar a Santo Domingo. Se confesó con él, y le impuso por penitencia rezar solamente un Rosario, y como consejo, rezarlo todos los días. Se excusó diciendo que ella tenía todos sus ejercicios reglados, que llevaba cilicio, que tomaba disciplina varias veces por semana, que hacía tantos ayunos y no sé cuántas penitencias. Santo Domingo le insta reiteradamente a seguir su consejo, pero ella no quiere; se retira del confesionario como escandalizada del proceder de su nuevo director, que quería persuadirla a una devoción que no le agradaba. He aquí que, estando en oración, y arrebatada en éxtasis, vio su alma obligada a comparecer ante el Supremo Juez. San Miguel alza la balanza, pone sus penitencias y otras oraciones en un platillo, y en el otro sus pecados e imperfecciones; el platillo de las buenas obras no puede contrarrestar al otro; ella, alarmada, pide misericordia; se dirige a la Santísima Virgen, su abogada; Ella dejar caer en el platillo de las buenas obras el único Rosario que –por penitencia– ha rezado; y fue tanto su peso que contrarrestó el de los pecados; la Santísima Virgen la reprendió al mismo tiempo por no haber seguido el consejo de su servidor Domingo de rezar el Santo Rosario todos los días. Cuando volvió en sí, fue a arrojarse a los pies de Santo Domingo, le contó lo ocurrido, le pidió perdón por su incredulidad y prometió rezar el Rosario todos los días. Por este medio, llegó a la perfección cristiana, a la gloria eterna.

¡Aprended de aquí, personas de oración, la fuerza, el precio y la importancia de esta devoción del Santo Rosario con la meditación de sus misterios!

**80.** Nadie más elevado en la oración que Santa Magdalena, que era transportada al cielo por los ángeles siete veces al día, que había estado en la escuela de Jesucristo y de su Santísima Madre; y, sin embargo, cuando pidió a Dios un buen medio para adelantar en su amor y llegar a la más alta perfección, el arcángel San Miguel vino de parte de Dios a decirle que no sabía de otro que considerar, por medio de una cruz, que colocó delante de su cueva, los misterios dolorosos que ella había presenciado.

Que el ejemplo de San Francisco de Sales, el gran director de las almas espirituales de su tiempo, os estimule a pertenecer a tan santa cofradía, pues, a pesar de ser santo, hizo voto de rezar el Rosario completo todos los días de su vida.

San Carlos Borromeo lo rezaba también todos los días y recomendaba encarecidamente esta devoción a sus sacerdotes, a sus seminaristas y a todo su pueblo.

El Beato Pío V[6], uno de los Papas más eminentes que gobernaron la Iglesia, rezaba todos los días el Rosario. Santo Tomás de Villanueva, Arzobispo de Valencia, San Ignacio, San Francisco Javier, San Francisco de Borja, Santa Teresa

---

6. Hoy San Pío V.

de Jesús, San Felipe Neri y muchos otros grandes hombres, que no cito, han ejercitado esta devoción. Seguid su ejemplo: vuestros directores quedarán descansados, y si los informáis de los frutos que podéis sacar de él, se apresurarán a animaros a ello.

## *Vigésima séptima Rosa*

### Beneficios del Rosario

**81.** Para animaros aún más a esta devoción de las almas grandes, añado que el Rosario, rezado con la meditación de los misterios: 1.º nos eleva insensiblemente al perfecto conocimiento de Jesucristo; 2.º purifica nuestras almas del pecado; 3. nos permite vencer a nuestros enemigos; 4.º nos facilita la práctica de las virtudes; 5.º nos abrasa en amor de Jesucristo; 6.º nos proporciona con qué pagar todas nuestras deudas con Dios y con los hombres; y, en fin, nos consigue de Dios toda clase de gracias.

**82.** El conocimiento de Jesucristo es la ciencia de los cristianos y la ciencia de la salvación; se remonta, dice San Pablo, sobre todas las ciencias humanas en precio y en excelencia: 1.º por la dignidad de su objeto, que es un hombre-Dios en presencia del cual todo el universo no es tan siquiera una gota de rocío o un granito de arena;

2.° por su utilidad; las ciencias humanas nos llenan solamente del viento y humo del orgullo; 3.° por su necesidad; porque no podemos salvarnos sino tenemos el conocimiento de Jesucristo, y el que ignore todas las demás ciencias se salvará, con tal que esté iluminado con la ciencia de Jesucristo. ¡Dichoso Rosario, que nos proporciona la ciencia y el conocimiento de Jesucristo, haciéndonos meditar su vida, su muerte, su pasión y su gloria! La reina de Saba, admirando la ciencia de Salomón, exclamaba: «Dichosos tus criados y sirvientes, que están siempre en tu presencia y oyen los oráculos de tu sabiduría»; pero más dichosos son los fieles que meditan atentamente la vida, las virtudes, los sufrimientos y la gloria del Salvador, porque adquieren de este modo el perfecto conocimiento en que consiste la vida eterna.[7]

**83.** La Santísima Virgen reveló al Beato Alano que, tan pronto como Santo Domingo predicó el Rosario, los pecadores empedernidos se convirtieron y lloraron amargamente sus crímenes, los mismos niños hicieron penitencias increíbles y el fervor fue tan grande, por doquiera que se predicó el Rosario, que los pecadores cambiaron de vida y edificaron a todo el mundo con sus penitencias y su enmienda de vida. Si sentís vuestra conciencia cargada con algún pecado, coged el Rosario, rezad una parte en honor de

7. Jn 17, 3.

algunos misterios de la vida, pasión o gloria de Jesucristo y estad persuadidos de que, mientras meditáis y honráis estos misterios, Él, en el cielo, mostrará sus llagas sagradas a su Padre, abogará por vosotros y os obtendrá la contrición y el perdón de vuestros pecados. Él dijo un día al Beato Alano: «Si esos miserables pecadores rezasen frecuentemente mi Rosario, participarían de los méritos de mi pasión, y, yo, como su abogado, calmaría la divina justicia.»

**84.** Esta vida es de guerra y tentaciones continuas. No tenemos que combatir a enemigos de carne y sangre, pero sí a las potencias mismas del infierno. ¿Qué mejores armas podemos tomar para combatirlos que la oración dominical, que nuestro gran Capitán nos ha enseñado; la salutación angélica, que ha ahuyentado a los demonios, destruido el pecado y renovado el mundo; la meditación de la vida y de la pasión de Jesucristo, que son pensamientos que debemos tener habitualmente presentes, como manda San Pedro, para defendernos de los mismos enemigos que Él ha vencido y que nos atacan diariamente? «Desde que el demonio –dice el Cardenal Hugo–, fue vencido por la humildad y la pasión de Jesucristo, apenas puede atacar a un alma que medita estos misterios, o, si la ataca, es derrotado vergonzosamente.» «Vístanse de la armadura de Dios» (Ef 6, 2).

**85.** Pertrechaos, pues, con estas armas de Dios, con el Santo Rosario, y quebrantaréis la cabeza del demonio y viviréis tranquilos contra todas sus tentaciones. De ahí resulta que aun el Rosario material es tan terrible al diablo, que los santos se han servido de él para encadenarle y arrojarle del cuerpo de los posesos, según atestiguan varias historias.

**86.** Cierto hombre –refiere el Beato Alano– había ensayado inútilmente toda suerte de devociones para librarse del espíritu maligno, que había tomado posesión de él. Resolvió ponerse al cuello la camándula, y con esto se alivió. Pero cuando se la quitaba era atrozmente atormentado por el demonio, por lo cual resolvió llevarlo noche y día, y así logró alejar para siempre al demonio, que no podía soportar tan terrible cadena. El Beato Alano asegura que libró a un gran número de posesos poniéndoles un Rosario al cuello.

**87.** Al Padre Juan Amat, de la Orden de Santo Domingo, predicando la cuaresma en un lugar del reino de Aragón, le trajeron una joven posesa, y después de haberla exorcizado varias veces inútilmente, le puso al cuello su Rosario, ella comenzó a dar gritos y aullidos espantosos, diciendo: «¡Quitadme, quitadme estos granos que me atormentan!». Por fin, el Padre, compadecido de ella, le quitó el Rosario del cuello. La noche siguiente, cuando este Padre estaba descansando en su lecho, los mismos demonios que poseían a la joven vinieron a él furiosos para apoderarse de su persona, pero con su Rosario, que tenía fuertemente cogido en la mano, a pesar de los esfuerzos que hicieron para quitárselo, los golpeó y arrojó, diciendo: «¡Santa María, Virgen del Rosario, amparadme!» Cuando a la mañana siguiente iba a la iglesia, encontró a la desgraciada joven aún posesa; uno de los demonios que estaban en ella empezó a decir, burlándose del Padre: «¡Ah hermano! ¡Si no hubieras tenido tu Rosario, ya te habríamos arreglado!» Entonces el Padre arrojó de nuevo su Rosario al cuello de la joven diciendo: «Por los sacratísimos nombres de Jesús y María, su santa Madre, y por la virtud del Santísimo Rosario, os mando, espíritus malignos, salir de este cuerpo inmediatamente»; en el acto tuvieron que obedecer y quedó libre la joven. Estas historias ponen de relieve la fuerza del Santo Rosario para vencer toda clase de tentaciones de los demonios y toda clase de pecados, porque las cuentas benditas del Rosario los ponen en fuga.

## *Vigésima octava Rosa*

### Saludables efectos que produce el meditar la Pasión

**88.** San Agustín asegura que no hay ejercicio tan virtuoso y útil para la salvación como pensar con frecuencia en los sufrimientos de Nuestro Señor. San Alberto Magno, maestro de Santo Tomás, supo por revelación que el solo recuerdo o la meditación de la pasión de Jesucristo es más meritorio para el cristiano que ayunar durante un año todos los viernes a pan y agua, o tomar disciplina –aun de sangre– todas las semanas, o rezar todos los días el salterio. ¿Cuál no será el mérito del Rosario, que conmemora toda la vida y pasión de Nuestro Señor?

La Santísima Virgen reveló al Beato Alano de la Roche que, después del Santo Sacrificio de la Misa, que es la primera y más viva memoria de la pasión de Jesucristo, no hay devoción más excelente y meritoria que el Rosario, que es como una segunda memoria y representación de la vida y pasión de Jesucristo.

**89.** El Padre Dorland refiere que la Santísima Virgen dijo un día al venerable Domingo (cartujo), devoto del Santo Rosario, que residía en Tréveris el año 1481: «Cuantas veces rezan los fieles, en estado de gracia, el Santo Rosario con la meditación de los misterios de la vida y pasión de Jesucristo, obtienen plena y completa remisión de sus pecados.»

También dijo la Santísima Virgen al Beato Alano: «Sabed que, aun cuando hay gran cantidad de indulgencias concedidas a mi Rosario, yo añadiré muchas más por cada parte de él en favor de aquellos que lo recen sin pecado mortal, de rodillas, devotamente; y a quienes perseveren en la devoción del Santo Rosario, en estas condiciones y meditaciones, les conseguiré, en premio de este servicio, plena remisión de la pena y de la culpa de todos sus pecados al fin de su vida. Y que no te parezca esto increíble; es fácil para mí, pues que soy la Madre del Rey de los cielos, que me llama llena de gracia, y, como llena de gracia, haré también amplia efusión de ella sobre mis queridos hijos.»

**90.** Santo Domingo estaba tan persuadido de la eficacia y los méritos del Santo Rosario, que no ponía otra penitencia a los que confesaba, como ya hemos visto en la historia de la dama romana a quien puso por penitencia un solo Rosario. Los confesores deberían también, para seguir el ejemplo de este gran Santo, mandar a los penitentes rezar el Rosario con la reflexión de los misterios sagrados, prefiriendo esa a otras penitencias de menor mérito y que no son tan agradables a Dios, ni tan saludables para avanzar en el camino de la virtud, ni tan eficaces para impedir la caída en el pecado; además de que rezando el Rosario se ganan muchísimas indulgencias que no están concedidas a otras muchas devociones.

**91.** «Ciertamente –dice el Abad Blosio–, el Rosario, con la meditación de la vida y pasión, resulta muy agradable a Jesucristo y la Santísima Virgen y muy eficaz para obtener lo que se desea. Podemos rezarlo tanto por nosotros como por aquellos que nos fueron encomendados y por toda la Iglesia. Recurramos, pues, a la devoción del Santo Rosario en todas nuestras necesidades, y obtendremos infaliblemente lo que pidamos a Dios para nuestra salvación.»

## *Vigésima nona Rosa*

### El Rosario, instrumento de salvación

**92.** No hay nada más divino, en opinión de San Dionisia, nada más noble, ni más agradable a Dios que cooperar a la salvación de las almas y derribar las máquinas del demonio que intenta perderlas; éste fue el motivo por el cual descendió el Hijo de Dios a la tierra. Derrocó, en efecto, el imperio de Satanás con la fundación de la Iglesia, pero este tirano rehizo en parte sus fuerzas, y en los siglos XI, XII y XIII ejercía cruel violencia sobre las almas con la herejía de los albigenses, por los odios, disenciones y vicios abominables que hacía reinar en el mundo.

¿Cuál sería el remedio para tan graves males? ¿Cómo derribar las fuerzas de Satanás? La Santísima Virgen, protectora de la Iglesia, dio como medio eficaz para apaciguar la cólera de su Hijo, para extirpar la herejía y reformar las costumbres de los cristianos, la cofradía del Santo Rosario. Los hechos lo comprobaron: se reavivó la caridad, se volvió a la frecuencia de los sacramentos como en los primeros siglos de oro de la Iglesia y se reformaron las costumbres de los cristianos.

**93.** El Papa León X dice en su bula que esta cofradía fue fundada en honor de Dios y de la

Santísima Virgen, como un muro para contener las desgracias que iban a caer sobre la Iglesia.

Gregorio XIII dice que el Rosario fue inspirado como favor especial de la Santísima Virgen para abrimos más fácilmente el cielo.

Pablo III y el Beato Pío V declaran que el Rosario fue establecido y dado a los fieles para procurarles con más facilidad el descanso y el consuelo espirituales.

¿Quién despreciará el ingreso en una cofradía instituida con tan nobles fines?

**94.** El Padre Domingo, cartujo, muy devoto del Santo Rosario, vio un día el cielo abierto y a toda la corte celestial ordenada admirablemente. Oyó cantar el Rosario con arrebatadora melodía, honrando en cada decena un misterio de la vida, de la pasión o de la gloria de Jesucristo y de la Santísima Virgen. Y advirtió que, cuando pronunciaban el nombre sagrado de María, hacían una inclinación de cabeza, y al de Jesús, hacían todos una genuflexión, y daban gracias a Dios por los grandes beneficios concedidos al cielo y a la tierra mediante el Santo Rosario. Vio igualmente a la Santísima Virgen y a todos los santos que presentaban a Dios los Rosarios que los cofrades recitaban en la tierra y que rogaban por cuantos practicaban esta devoción. Vio también innumerables coronas de bellísimas y olorosas flores preparadas para los que rezan devotamente el Santo Rosario, los cuales, cuantas veces lo rezan, se hacen una corona con la que serán engalanados en el cielo. La visión de este devoto cartujo está en conformidad con la que tuvo el discípulo amado cuando vio una multitud innumerable de ángeles y santos que alababan y bendecían a Jesucristo por cuanto ha hecho y sufrido en el mundo por nuestra salvación; y ¿no es esto lo que hacen los cofrades del Rosario?

**95.** No hay que figurarse que el Rosario es sólo para las mujeres, los niños y los ignorantes; es también para hombres, y para los más grandes hombres. Tan pronto como Santo Domingo dio cuenta al Papa Inocencio III de la orden que había recibido del cielo para establecer esta cofradía, el Santo Padre la aprobó, exhortó a Santo Domingo a predicarla y quiso ser asociado a ella[8]. Los mismos cardenales la abrazaron con gran fervor, de suerte que López no dudó en escribir: «Ningún sexo, ninguna edad, ninguna condición puede sustraerse a la devoción del Rosario.»

Así se ven en esta cofradía toda clase de personas: duques, príncipes, reyes, lo mismo que prelados, cardenales, Soberanos Pontífices.

---

8. Niegan muchos críticos que hubiera cofradías del Rosario anteriores al Beato Alano de la Roche, y si así fuera no podrían admitirse las que según se dice fundó Santo Domingo y aprobó Inocencio III. Probó, sin embargo, el Padre Mamachi la existencia de Cofradías de Nuestra Señora en los conventos dominicos de Italia, ya en el siglo XIII, que según las prácticas que usaban podían muy bien ser del Rosario, aunque no llevaran este nombre. Tal vez sería así también la de Palencia, cuya fundación se atribuye a Santo Domingo (V. *Enciclopedia Espasa*, S.V. «Rosario».)

Larga sería su enumeración para este compendio, y si ingresas, querido lector, en esta cofradía, tendrás parte en su devoción y sus gracias sobre la tierra y en su gloria en el cielo. «Cum quibus consortium vobis erit devotionis, erit et communio dignitatis»[9].

## *Trigésima Rosa*

### Privilegios de la Cofradía del Rosario[10]

**96.** Si los privilegios, las gracias y las indulgencias hacen recomendable a una cofradía, puede afirmarse que la del Rosario es la más recomendable que tiene la Iglesia, puesto que es la más favorecida y enriquecida con indulgencias; y desde su institución apenas hay Papa que no haya abierto los tesoros de la Iglesia para gratificarla.

Como el ejemplo persuade mejor que las palabras y los beneficios, los Soberanos Pontífices no han podido expresar mejor la estima en que tenían a esta santa cofradía que asociándose a ella.

---

9. «Asociado con ellos en la devoción, lo estamos también en la dignidad.»

10. León XIII ha modificado el catálogo de las indulgencias. Lo conservamos aquí como recuerdo. Véanse al final de este libro las indulgencias actuales.

He aquí un pequeño resumen de las indulgencias concedidas a la Cofradía del Santo Rosario, confirmadas de nuevo por nuestro Padre Santo el Papa Inocencia XI el día 31 de julio de 1679, recibida y autorizada su publicación por el Arzobispo de París el 25 de septiembre del mismo año:

1.° En el día de ingreso en la cofradía: indulgencia plenaria.

2.° En la hora de la muerte: indulgencia plenaria.

3.° Por el rezo de cada una de las tres partes del Rosario: diez años y diez cuarentenas.

4.° Por cada vez que pronuncien devotamente los santos nombres de Jesús y María: siete días de indulgencia.

5.° A los que devotamente asistan a la procesión del Santo Rosario: siete años y siete cuarentenas.

6.° A los que, verdaderamente arrepentidos y confesados, visiten la capilla del Rosario en la iglesia en que esté establecida, los primeros domingos de cada mes y las fiestas de Nuestro Señor y de la Santísima Virgen: indulgencia plenaria.

7.° A los que asistan a la Salve: cien días de indulgencia.

8.° A los que devotamente y para dar ejemplo lleven sin reserva el Santo Rosario: cien días de indulgencia.

9.° A los cofrades enfermos que, no pudiendo

ir a la iglesia y habiendo confesado y comulgado, recen durante el día el Santo Rosario, o al menos una parte: indulgencia plenaria el día señalado para ganarla.

10.° Los Sumos Pontífices, por su gran liberalidad hacia los cofrades del Rosario, les han dado la facultad de ganar las indulgencias de las estaciones de Roma visitando cinco altares y rezando ante cada uno de ellos cinco veces el padrenuestro y el avemaría por la prosperidad de la Iglesia. Si sólo hay un altar o dos en la iglesia donde está establecida la Cofradía, rezarán veinticinco veces el padrenuestro y avemaría ante este altar.

**97.** Gran favor ciertamente para los cofrades del Rosario, pues la visita de las iglesias de las estaciones de Roma lleva aparejados consigo indulgencias plenarias, librar almas del purgatorio y muchas otras grandes remisiones que los cofrades pueden ganar sin trabajo, sin gastos, sin salir de su país; y aun si la Cofradía no está establecida en el lugar que habitan los cofrades, pueden ganar dichas indulgencias visitando cinco altares de otra iglesia cualquiera, según concesión de León X.

He aquí los días en que pueden ganarlas, determinados y fijos para los que habitan fuera de Roma, por decreto de la Sagrada Congregación de Indulgencias, aprobado por nuestro Santo Padre el Papa el 7 de marzo de 1678, que ordenó sea inviolablemente observado:

Todos los domingos de Adviento; los tres días de las cuatro Témporas; la vigilia de Navidad, en la Misas de media noche, de la aurora y del día; las fiestas de San Esteban, San Juan Evangelista, Santos Inocentes, Circuncisión y Reyes; los domingos de Septuagésima, Sexagésima, Quincuagésima, y desde el miércoles de Ceniza todos los días hasta el domingo de Cuasimodo inclusive; los tres días de Rogativas, el día de la Ascensión, la vigilia de Pentecostés y todos los días de la octava y los tres días de las cuatro Témporas de septiembre.

Amados cofrades del Rosario, hay aún muchas más indulgencias. Si queréis verlo, leed el Sumario de las indulgencias concedidas a los cofrades del Rosario. Allí veréis los nombres de los Papas, el año y otros particulares que no es posible consignar en este resumen.

## CUARTA DECENA

## Excelencia del Santo Rosario demostrada por las maravillas que Dios ha hecho en su favor

---

### *Trigésima primera Rosa*

### Blanca de Castilla - Alfonso VIII

**98.** Santo Domingo, al visitar a Doña Blanca, reina de Francia, que en los doce años que llevaba de casada no había tenido hijos, y estaba afligida sobremanera, le aconsejó que rezara el Rosario todos los días para lograr del cielo la gracia de tener descendencia. Así lo hizo la reina, y su petición fue oída el año 1213, en que nació su primogénito, que fue llamado Felipe. Pero la muerte se lo arrebató, y más que nunca acudió ella a la Santísima Virgen, y distribuyó gran cantidad de Rosarios en la Corte y en varias ciudades del reino para que Dios la colmase con una completa bendición. Y esto sucedió el año 1215, en que vino al mundo San Luis, gloria de Francia y modelo de reyes cristianos.

**99.** Alfonso VIII, rey de Aragón[1] y de Castilla, fue, a causa de sus pecados, castigado por Dios de varias maneras, y se vio obligado a retirarse a una ciudad de uno de sus aliados. Encontrándose Santo Domingo en la misma el día de Navidad, predicó, según su costumbre, el Rosario y las gracias que se obtienen de Dios por esta devoción, y dijo, entre otras cosas, que los que lo rezan devotamente obtendrán la victoria sobre sus enemigos y recobrarán todo lo perdido. El rey advirtió bien estas palabras y envió a preguntar a Santo Domingo si era cierto cuanto había predicado. El Santo respondió que no había que dudar, y le prometió que si quería practicar esta devoción y apuntarse en la Cofradía, vería los efectos. Resolvióse el rey a rezar todos los días el Rosario, continuó así durante un año, y el mismo día de Navidad, después de rezarlo se le apareció la Santísima Virgen y le dijo: «Alfonso, hace un año que me sirves devotamente con el Rosario. Vengo a recompensarte. Sabe que he obtenido de mi Hijo el perdón de todos tus pecados. Aquí tienes esta camándula. ¡Te la regalo! Llévala siempre contigo y jamás podrán perjudicarte tus enemigos.» Desapareció, dejando al rey muy consolado; volvió él a su casa llevando en la mano el Rosario, y viendo a la reina le contó lleno de gozo el favor que acababa de recibir de la Santísima Virgen, le

1. Así en el texto; pero sin duda es errata: debe decir de León.

tocó los ojos con el Rosario y recobró la vista, que había perdido. Algún tiempo después, habiendo el rey reunido algunas tropas, con ayuda de sus aliados atacó osadamente a sus enemigos, les obligó a devolver las tierras y a reparar sus dominios, los arrojó de ellos enteramente, y fue tan afortunado en la guerra que de todas partes iban soldados para combatir bajo su mando, porque las victorias parecían seguir por todas partes sus batallas. No debe sorprendernos, porque no entraba jamás en batalla sino después de haber rezado un Rosario de rodillas; había hecho ingresar en la Cofradía a toda la corte y exhortaba a sus oficiales y familiares a ser devotos del Rosario. La reina se obligó igualmente y los dos perseveraron en el servicio de la Santísima Virgen y vivieron piadosamente.

## *Trigésima segunda Rosa*

### Don Pero[2]
### (Beato Alano, c. LII)

**100.** Santo Domingo tenía un primo, llamado Don Pero o Pedro, que llevaba una vida muy diso-

2. El original dice Don Pérez, con manifiesto error en la traducción. Tal vez el Beato Alano, cuyo texto no hemos podido ver, diga «Dominus Pérez», el señor Pérez.

luta. Habiendo oído que el Santo predicaba las maravillas del Rosario y que muchos se convertían y cambiaban de vida por este medio, dijo: «Había perdido la esperanza de mi salvación, pero hay que tener valor, es preciso que yo oiga a ese hombre de Dios.» Asistió, pues, un día al sermón de Santo Domingo. El Santo, al verle, redobló su ardor en atacar todos los vicios y rogó a Dios, desde lo íntimo de su corazón, que abriese los ojos de su primo para que conociera el estado miserable de su alma. Don Pero se asustó desde luego, pero no se resolvió a convertirse; volvió, sin embargo, a la predicación del santo, y éste, viendo que este corazón endurecido no se convertiría sin algo extraordinario, gritó en alta voz: «Señor Jesús, haced ver a todo este auditorio el estado en que se encuentra el que acaba de entrar en vuestra casa.» Entonces todo el pueblo vio a Don Pero rodeado de una multitud de diablos en forma de bestias horribles que le tenían atado con cadenas de hierro; huyeron todos, unos por aquí, otros por allá, y fue para él espantoso verse objeto del horror de todo el mundo. Santo Domingo hizo que todos se detuvieran, y dijo a Don Pero: «Conoced, desgraciado, el deplorable estado en que os encontráis; arrojaos a los pies de la Santísima Virgen. Tomad este Rosario, rezadlo con devoción y arrepentimiento de vuestros pecados y resolveos a cambiar de vida.» Se puso de rodillas, rezó el Rosario y se sintió movido a confesarse, lo que hizo con una gran contrición. El Santo le ordenó que rezase todos los días el Santo Rosario, y él prometió hacerlo y se inscribió en la Cofradía; su cara, que antes había asustado a todos, al salir de la iglesia aparecía brillante como la de un ángel. Perseveró en la devoción al Santo Rosario, llevó una vida arreglada y murió dichosamente.

## *Trigésima tercera Rosa*

### UN ALBIGENSE POSESO

**101.** Predicando Santo Domingo el Rosario cerca de Carcasona, le llevaron un hereje albigense poseso; el Santo le exorcizó en presencia de una gran muchedumbre; se cree que le escuchaban más de doce mil hombres. Los demonios que poseían a este miserable estaban obligados a responder, a su pesar, a las preguntas del Santo, que les hizo decir:

1.° Que eran quince mil los que había en el cuerpo de aquel miserable, porque había atacado los quince misterios del Rosario.

2.° Que con el Rosario, que él predicaba, llevaba el terror y el espanto a todo el infierno, y que era el hombre que más odiaban en todo el mundo a causa de las almas que les quitaba con la devoción del Rosario.

3.° Revelaron otra porción de particularidades.

Santo Domingo arrojó su Rosario al cuello del poseso y les preguntó a cuál de los santos del cielo temían más y cuál debía ser más amado y honrado por los hombres. A esta pregunta prorrumpieron en gritos tan espantosos que la mayor parte del auditorio cayó en tierra sobrecogida de espanto. Entonces los espíritus malignos, para no responder, lloraban y se lamentaban de un modo tan lastimero y conmovedor que muchos de los asistentes, movidos por natural piedad, lloraban también. Los demonios decían por boca del poseso con voz lastimera:

«¡Domingo! ¡Domingo! ¡Ten piedad de nosotros! ¡Te prometemos no hacerte daño! Tú que tienes compasión de los pecadores y miserables, ¡ten piedad de nosotros! ¡Mira cuánto padecemos! ¿Por qué te complaces en aumentar nuestras penas? ¡Conténtate con las que ya padecemos! ¡Misericordia! ¡Misericordia! ¡Misericordia!»

**102.** El Santo, sin inmutarse por las dolientes palabras de estos desgraciados espíritus, les respondió que no cesaría de atormentarles hasta que hubieran respondido a la pregunta. Dijeron los demonios que contestarían, pero en secreto y al oído y no delante de todo el mundo. Insistió el Santo, ordenándoles que hablasen muy alto. Los diablos no quisieron decir palabra a pesar de la orden que les había dado, y entonces el Santo, puesto de rodillas, hizo a la Santísima Virgen esta oración: «Oh excelentísima Virgen María, por la virtud de tu salterio y Rosario, ordena a estos enemigos del género humano que contesten a mi pregunta.»

Hecha esta oración, una llama ardiente sale de las orejas, la nariz y la boca del poseso y hace temblar a todos, pero a nadie hace mal. Entonces los diablos exclamaron: «Domingo, te rogamos, por la pasión de Jesucristo y por los méritos de su santa Madre y los de todos los santos, que nos permitas salir de este cuerpo sin decir nada, porque los ángeles cuando tú quieras te lo revelarán. Nosotros somos embusteros. ¿Por qué quieres creernos? No nos atormentes más, ten piedad de nosotros.» «Desgraciados sois» dice Santo Domingo, y, arrodillándose, dirigió esta oración a la Santísima Virgen: «Oh dignísima Madre de la Sabiduría, acerca de cuya salutación, de qué forma debe rezarse, ya queda instruido este pueblo, te ruego para la salud de los fieles aquí presentes que obligues a estos tus enemigos a que abiertamente confiesen aquí la verdad completa y sincera.»

Apenas había terminado esta oración, cuando vio cerca de él a la Santísima Virgen, rodeada de una multitud de ángeles, que con una varilla de oro que tenía en la mano golpeaba al demonio, diciéndole: «Contesta a la pregunta de mi servidor Domingo.» (Hay que advertir que el pueblo no veía ni oía a la Santísima Virgen, sino solamente a Santo Domingo.)

**103.** Entonces los demonios comenzaron a gritar, diciendo:

**104.** «¡Oh enemiga nuestra! ¡Oh ruina y confusión nuestra! ¿Por qué viniste del cielo a atormentarnos en forma tan cruel? ¿Será preciso que por ti, ¡oh abogada de los pecadores, a quienes sacas del infierno; oh camino seguro del cielo!, seamos obligados –a pesar nuestro– a confesar delante de todos lo que es causa de nuestra confusión y ruina? ¡Ay de nosotros! ¡Maldición a nuestros príncipes de las tinieblas!

»¡Oíd, pues, cristianos! Esta Madre de Cristo es omnipotente, y puede impedir que sus siervos caigan en el infierno. Ella, como un sol, disipa las tinieblas de nuestras astutas maquinaciones. Descubre nuestras intrigas, rompe nuestras redes y reduce a la inutilidad todas nuestras tentaciones. Nos vemos obligados a confesar que ninguno que persevere en su servicio se condena con nosotros. Un solo suspiro que Ella presente a la Santísima Trinidad vale más que todas las oraciones, votos y deseos de todos los santos. La tememos más que a todos los bienaventurados juntos y nada podemos contra sus fieles servidores.

»Tened también en cuenta que muchos cristianos que la invocan al morir y que deberían condenarse, según las leyes ordinarias, se salvan gracias a su intercesión.

»¡Ah! Si esta Marieta –así la llamaban en su furia– no se hubiera opuesto a nuestros designios y esfuerzos, ¡hace tiempo habríamos derribado y destruido a la Iglesia y precipitado en el error y la infidelidad a todas sus jerarquías! Tenemos que añadir, con mayor claridad y precisión –obligados por la violencia que nos hacen–, que nadie que persevere en el rezo del Rosario se condenará. Porque Ella obtiene para sus fieles devotos la verdadera contrición de los pecados, para que los confiesen y alcancen el perdón e indulgencia de ellos.»

Entonces Santo Domingo hizo rezar el Rosario a todo el pueblo muy lenta y devotamente, y a cada avemaría que el santo y el pueblo rezaban –¡cosa sorprendente!–, salían del cuerpo de este desgraciado una gran multitud de demonios en forma de carbones encendidos. Y cuando salieron todos los demonios y el hereje se vio completamente libre, la Santísima Virgen dio, aunque invisiblemente, su bendición a todo el pueblo, que con ello experimentó sensiblemente gran alegría. Este milagro fue causa de la conversión de gran número de herejes, que incluso se inscribieron en la Cofradía del Santo Rosario.

## *Trigésima cuarta Rosa*

### SIMÓN DE MONTFORT, ALANO DE LANVALLAY, OTERO (Beato Alano, II p., c. XVII)

**105.** ¿Quién podrá contar las victorias que Simon, conde de Montfort, ganó a los albigenses bajo la protección de Nuestra Señora del Rosario? Fueron tan notables que jamás ha visto el mundo cosa parecida. Con quinientos hombres desbarató un ejército de diez mil herejes. Otra vez con treinta venció a tres mil. Después, con mil infantes y quinientos de caballería, hizo pedazos el ejército del rey de Aragón, compuesto de cien mil hombres, perdiendo solamente ocho soldados de infantería y uno de caballería.

**106.** ¡De cuántos peligros libró la Santísima Virgen a Alano de Lanvallay, caballero bretón que combatía por la fe contra los albigenses! Un día que se hallaba rodeado por todas partes de enemigos, la Santísima Virgen lanzó contra ellos ciento cincuenta piedras y le libró de sus manos. Otro día en que había naufragado su navío y estaba ya próximo a sumergirse, esta bonísima Madre hizo emerger ciento cincuenta colinas, por encima de las cuales llegó a Bretaña; y en memoria de los milagros que había hecho en su favor la

Santísima Virgen, como recompensa del Rosario que diariamente le rezaba, fundó en Dinan un convento para religiosos de Santo Domingo y, después de hacerse él mismo religioso, murió santamente en Orleans.

**107.** Igualmente Otero, soldado bretón de Vaucouleurs, hizo huir compañías enteras de herejes y de ladrones con su Rosario y con la espada al brazo. Sus enemigos, después de vencidos, le aseguraron haber visto resplandecer su espada, y alguna vez en su brazo un escudo que tenía grabadas las imágenes de Jesucristo, la Santísima Virgen y los santos y que, al mismo tiempo que le hacía invisible, le daba fuerza para atacar.

En cierta ocasión, con diez compañías venció a veinte mil herejes sin perder ninguno de sus soldados, lo que impresionó de tal modo al general del ejército enemigo, que fue en busca de Otero, abjuró de sus herejías y declaró que le había visto cubierto de armas de fuego durante el combate.

## *Trigésima quinta Rosa*

### El Cardenal Pedro
(Beato Alano, IV p., c. LXX)

**108.** El B. Alano refiere que un Cardenal llamado Pedro, del título de Santa María del Tíber, instruido por Santo Domingo, su íntimo amigo, en la devoción del Santo Rosario, se interesó por ella de tal modo que fue su panegirista y la inculcaba a todos cuantos podía. El Cardenal fue enviado como legado a Tierra Santa entre los cristianos cruzados que combatían a los sarracenos, e hizo tales prosélitos en el ejército cristiano –practicando todos esta devoción para conseguir el auxilio del cielo– en un combate, con sólo tres mil triunfaron sobre cien mil.

Ya hemos visto que los demonios temen infinitamente al Rosario. Dice San Bernardo que la salutación angélica les quebranta y hace estremecer a todo el infierno. El Beato Alano asegura haber conocido varias personas que se habían entregado al diablo en cuerpo y alma y que habían renunciado al bautismo y a Jesucristo y que, después de abrazar la devoción del Santo Rosario, fueron libertadas de su tiranía.

## *Trigésima sexta Rosa*

### UNA MUJER DE AMBERES, LIBERTADA DE LAS CADENAS DEL DEMONIO

**109.** En el año 1578 una mujer de Amberes se entregó al demonio, firmando el acta de entrega con su sangre. Algún tiempo después se arrepintió, y como sintiera gran deseo de reparar el mal que había hecho, buscó un confesor prudente y caritativo para conocer el medio de librarse del poder del diablo. Encontró efectivamente un sabio y virtuoso sacerdote que le aconsejó buscase al Padre Henry, director de la Cofradía del Santo Rosario del convento de Santo Domingo, para que la inscribiese en la Cofradía y la confesara; y así se lo pidió, pero en vez del Padre encontró al demonio bajo la forma de un religioso que la reprendió severamente y le dijo que ninguna gracia podía esperar de Dios, ni había modo de revocar lo que había firmado; lo cual la afligió mucho. Pero no perdió por completo la esperanza en la misericordia del Señor, volvió a buscar al Padre y encontró nuevamente al diablo, que la rechazó como en la ocasión anterior; mas repitiendo por tercera vez el intento, permitió el Señor que encontrase al Padre Henry, a quien buscaba, el cual la recibió con caridad, exhortándola a confiar en la bondad de Dios y hacer una buena confesión; la admitió en la Cofradía y le ordenó que con frecuencia rezase el Santo Rosario. Y un día, durante la Misa que el Padre celebraba por la mencionada mujer, la Santísima Virgen obligó al diablo a devolverle la cédula firmada; y quedó así libertada por la autoridad de María y la devoción al Rosario.

## *Trigésima séptima Rosa*

### UN MONASTERIO, TRANSFORMADO POR EL ROSARIO

**110.** Un señor que tenía muchos hijos, accediendo a la vocación religiosa de una de las hijas, la ingresó en un monasterio que se encontraba a la sazón completamente desarreglado, pues las religiosas sólo respiraban vanidad y frivolidad. El confesor, hombre fervoroso y devoto del Santo Rosario, deseando dirigir a esta joven religiosa a la práctica de vida más perfecta, le ordenó rezar todos los días el Rosario en honor de la Santísima Virgen, meditando la vida, pasión y gloria de Jesucristo. Le agradó a ella mucho esta devoción y poco a poco fue aborreciendo el desarreglo de sus hermanas y empezaron a gustarle el silencio y la oración, a pesar del desprecio y burlas de las otras religiosas, que interpretaban su fervor como gazmoñería. Habiendo ido por aquellos días a visitar el monasterio un santo Abad, tuvo una extraña visión mientras oraba; le pareció ver una religiosa en oración en su celda ante una Señora de admirable hermosura, acompañada de un coro de ángeles, los cuales con flechas encendidas arrojaban a la multitud de demonios que pretendía entrar; y estos espíritus malignos huían a las celdas de las demás religiosas, en figura de sucios animales, para excitarlas al pecado, en el cual muchas de ellas consentían.

Conoció el Abad por esta visión el mal espíritu de este monasterio, creyó morir de pena, llamó a la joven religiosa y la exhortó a la perseverancia. Reflexionando sobre la excelencia del Santo Rosario, resolvió reformar a estas religiosas con tal devoción; adquirió para ello hermosos rosarios que regaló a todas las religiosas persuadiéndolas de que lo rezasen todos los días y prometiéndoles, si así lo hacían, no violentarlas para que se reformasen. Recibieron complacidas los rosarios y prometieron rezarlo con esa condición. ¡Cosa admirable!: poco a poco dejaron sus vanidades, se dieron al recogimiento y al silencio y en menos de un año pidieron ellas mismas la reforma. El Rosario pudo en sus corazones más de lo que hubiera conseguido el Abad con sus exhortaciones y su autoridad.

## *Trigésima octava Rosa*

### La devoción de un Obispo español al Santo Rosario

**111.** Una condesa española, instruida por Santo Domingo en la devoción del Rosario, lo rezaba diariamente con maravilloso adelanto en la virtud. Como aspiraba a la vida de perfección, pidió cierto día a un Prelado y célebre predicador algunas prácticas de perfección. Este Prelado le dijo que antes era preciso le declarase el estado de su alma y sus ejercicios de piedad, y ella contestó que el principal era el Rosario, que rezaba todos los días, meditando los misterios gozosos, dolorosos y gloriosos con gran fruto espiritual para su alma. El Obispo, entusiasmado al oír explicar las raras enseñanzas encerradas en los misterios, le dijo: «Hace veinte años que soy doctor en teología, he leído muchas y excelentes prácticas de devoción, pero no he conocido nada más fructífero ni más conforme al cristianismo. Quiero imitaros; predicaré el Rosario.» Y así lo hizo, y con tal éxito, que al poco tiempo pudo ver un gran cambio de costumbres en su diócesis: muchas conversiones, restituciones y desprendimientos caritativos; el libertinaje, el lujo y el juego cesaron; comenzaron a florecer la paz en las familias, la devoción y la caridad. Cambio tanto más admirable cuanto que este Obispo había trabajado mucho para conseguirlo y hasta entonces ineficazmente.

Para inculcar mejor la devoción al Rosario, llevaba siempre uno muy hermoso, y enseñándolo al auditorio decía: «Sabed, hermanos míos, que el Rosario de la Santísima Virgen es tan excelente que yo, que soy vuestro Obispo, doctor en teología y en ambos derechos, me glorio de llevarlo siempre como el más ilustre signo de mi episcopado y doctorado.»

## *Trigésima novena Rosa*

### Santificación de una parroquia por el Rosario

**112.** El rector de una parroquia de Dinamarca contaba frecuentemente, para mayor gloria de Dios y con gran gozo de su alma, que había obtenido en su parroquia un resultado análogo al de este Obispo en su diócesis. «Había predicado –decía– sin éxito alguno las materias más atrayentes y más provechosas. No había fruto alguno. Al fin me resolví a predicar el Santo Rosario y expliqué su excelencia y su práctica, y puedo asegurar que, desde que mi pueblo gustó esta devoción, he visto un cambio evidente en seis meses: tan cierto es que esta divina oración tiene especial poder para mover los corazones e inspirarles horror al pecado y amor a la virtud.»

La Santísima Virgen dijo un día al Beato Alano: «Así como Dios ha escogido la salutación angélica para la Encarnación de su Verbo y para la Redención de los hombres, así quienes deseen reformar las costumbres de los pueblos y regenerarlos en Jesucristo deben honrarme y dirigirme la misma salutación. Yo soy –añadió– el camino por el cual vino Dios a los hombres, y es necesario que obtengan de Jesucristo la gracia y las virtudes, por mi mediación.»

**113.** Yo, que esto escribo, he aprendido por experiencia propia la fuerza de esta oración para convertir los corazones más endurecidos. He encontrado algunos en los que las más terribles verdades predicadas en una misión no habían hecho impresión alguna; y en cambio, habiendo adquirido, por consejo mío, la costumbre de rezar diariamente el Santo Rosario, se convirtieron y se dieron a Dios.

He podido observar la enorme diferencia de costumbres entre pueblos y pueblos de las parroquias donde di misiones pues mientras unos, por haber abandonado la práctica del Rosario, habían vuelto a cacr en las malas costumbres, otros, por haberla conservado, conservaban también la gracia de Dios y adelantaban todos los días en la vida cristiana.

## *Cuadragésima Rosa*

### Admirables efectos del Rosario

**114.** El Beato Alano de la Roche, el Padre Juan Dumont, el P. Thomas, las crónicas de Santo Domingo y otros autores, que fueron muchos de ellos testigos oculares, refieren un gran número de conversiones milagrosas de pecadores y pecadoras después de veinte, treinta o cuarenta años en el mayor desorden, nada había podido convertirlos, y que se convirtieron por esta maravillosa devoción. Por temor a extenderme demasiado, no las referiré. Tampoco he de referirme a las que yo mismo he visto; todas las omito por diversas razones.

Caros lectores, si practicáis y predicáis esta devoción, aprenderéis por propia experiencia, y experimentaréis felizmente, el efecto maravilloso de las promesas hechas por la Santísima Virgen a Santo Domingo, al Beato Alano de la Roche y a cuantos hagan florecer esta devoción que le es tan grata, que instruye a los pueblos en las virtudes de su Hijo y en las suyas, inicia en la oración mental y conduce a la imitación de Jesucristo, a la frecuencia de los sacramentos, a la práctica sólida de las virtudes y toda clase de buenas obras; a ganar preciosas indulgencias que los pueblos ignoran porque los predicadores de esta devoción apenas han hablado de ellas, contentándose con hacer del Rosario un sermón a la moderna, aunque sólo cause muchas veces admiración y ninguna instrucción.

**115.** En fin, me contento con deciros con el Beato Alano de la Roche que el Rosario es manantial y depósito de toda clase de bienes:

1.° Los pecadores obtienen el perdón.

2.° Las almas sedientas se sacian.

3.° Los que están atados ven sus lazos deshechos.

4.° Los que lloran hallan alegría.
5.° Los que son tentados, la tranquilidad.
6.° Los pobres son socorridos.
7.° Los religiosos son reformados.
8.° Los ignorantes, instruidos.
9.° Los vivos triunfan de la vanidad.
10.° Y los muertos alcanzan la misericordia por vía de sufragio.

«Quiero –dijo un día la Santísima Virgen al Beato Alano– que mis citaristas[3] obtengan la gracia y bendición de mi Hijo durante su vida, en la hora de la muerte y después de ella. Quiero que se vean libres de todas las esclavitudes y sean reyes verdaderos, con la corona en la cabeza y el cetro en la mano, y alcancen la vida eterna. Amén.»

3. Los devotos del salterio de María, puesto que los salmos se acompañaban con la cítara.

## QUINTA DECENA

## De cómo debe rezarse el Rosario

---

### *Cuadragésima primera Rosa*

#### PUREZA DE ALMA

**116.** No es la duración, sino el fervor de nuestras oraciones lo que agrada a Dios y le gana el corazón. Una sola avemaría bien dicha tiene más mérito que ciento cincuenta mal dichas. Casi todos los católicos rezan el Rosario, al menos una parte o algunas decenas de avemarías. ¿Por qué, pues, hay tan pocos que se enmienden de sus pecados y adelanten en la virtud, sino porque no hacen las oraciones como es debido?

**117.** Veamos, pues, el modo de rezar para agradar a Dios y hacernos santos.

1.° En principio, es preciso que la persona que reza el Santo Rosario se halle en estado de gracia o al menos resuelta a salir del pecado, pues la teología nos enseña que las oraciones y buenas obras hechas en pecado mortal son obras muertas que no pueden ser agradables a Dios ni merecer la vida eterna. En este sentido está escrito: «No corresponde a los pecadores alabar» (Si 15, 9).

Ni la alabanza, ni la salutación angélica, ni aun la oración enseñada por Jesucristo son agradables a Dios cuando salen de la boca de un pecador impenitente: «Populus hic labiis me honrat, corautem eorum longe est a me» (Mc 7,6).[1]

Esas personas que ingresan en mis cofradías, dice Jesucristo, y rezan todos los días el Rosario o una parte de él sin contrición alguna de sus pecados, me honran con los labios, pero su corazón está muy lejos de mí.

He dicho «o al menos resuelta a salir del pecado»:

1.° Porque si fuera necesario estar absolutamente en gracia de Dios para hacer oraciones que le fuesen agradables, se seguiría que los que están en pecado mortal no deberían rezar, a pesar de que tienen más necesidad de ello que los justos; y por tanto, no debería aconsejarse nunca a un pecador que rezase el Rosario, ni una parte de él, porque le sería inútil, lo cual es un error condenado por la Iglesia.

2.° Porque si con voluntad de permanecer en el pecado y sin intención alguna de salir de él se inscribiese en una cofradía de la Santísima Virgen, o rezase el Rosario, o una parte de él, u

1. «Este pueblo me honra con los labios, pero su corazón está lejos de mí.» (Versículo 13 del cap. 29 de Isaías, que el Señor recoge.)

otra oración, se haría del número de los falsos devotos de la Santísima Virgen y de los devotos presuntuosos e impenitentes que bajo el manto de la Santísima Virgen, con el escapulario sobre su cuerpo y el Rosario en la mano, gritan: «¡Santa y bondadosa Virgen, yo te saludo, oh María!» y no obstante crucifican y desgarran cruelmente a Jesucristo con sus pecados y caen para su desgracia de las más santas cofradías de la Santísima Virgen a las llamas del infierno.

**118.** Aconsejamos el Santo Rosario a todo el mundo: a los justos, para perseverar y crecer en gracia de Dios, y a los pecadores, para salir de sus pecados. Pero no agrada ni puede agradar a Dios que exhortemos a un pecador a hacer del manto de protección de la Santísima Virgen un manto de condenación para ocultar sus crímenes y cambiar el Rosario, que es el remedio de todos los males, en veneno mortal y funesto. «La corrupción de lo mejor es lo peor.» Es necesario ser ángel de pureza, dice el sabio Cardenal Hugo, para acercarse a la Santísima Virgen y rezar la salutación angélica. Ella hizo que un impúdico que rezaba, por regla general diariamente, el Rosario pudiera ver hermosos frutos en un vaso manchado de inmundicias; y como se sintiera él horrorizado, le dijo la Señora: «He ahí como me sirves: me presentas rosas bellísimas en un vaso sucio y corrompido. Juzga si pueden resultarme agradables.»

## *Cuadragésima segunda Rosa*

### Es necesario rezar con atención

**119.** No basta para rezar bien expresar nuestra súplica con la más hermosa de las oraciones, que es el Rosario, sino que es preciso hacerlo con gran atención, porque Dios oye la voz del corazón más bien que la de la boca. Orar con distracciones voluntarias sería gran irreverencia que haría nuestros Rosarios infructuosos y nos llenaría de pecados. ¿Cómo osaremos pedir a Dios que nos oiga, si no nos oímos nosotros mismos y si mientras suplicamos a esta imponente majestad, ante quien todo tiembla, nos distraemos voluntariamente a correr tras de una mariposa? Es alejar de uno la bendición de este gran Señor, convirtiéndola en la maldición lanzada contra los que hacen la obra de Dios con negligencia. (Jr 48, 10).

**120.** Cierto que no se puede rezar el Rosario sin tener alguna distracción involuntaria, y aun es difícil decir un avemaría sin que la imaginación siempre inquieta quite algo de la atención; pero sí se puede rezar sin distracciones voluntarias, y para disminuirlas y fijar la atención, deben ponerse todos los medios. A tal efecto, poneos en la presencia de Dios, creed que Dios y su

Santísima Madre os miran, que vuestro ángel de la guarda está a vuestra derecha y recoge vuestras avemarías como otras tantas rosas, si son bien rezadas, para hacer una corona a Jesús y María, y que, por el contrario, el demonio está a vuestra izquierda y merodea alrededor para devorar vuestras avemarías y anotarlas en su libro de muerte, cuando no son dichas con atención, devoción y modestia. Sobre todo, no dejéis de ofrecer los decenarios en honor de los misterios y de representaros en la imaginación a Nuestro Señor y a su Santísima Madre en el misterio que consideréis.

**121.** Se lee en la vida del Beato Hermann, de la Orden de los Premonstratenses, que cuando rezaba el Rosario con atención y devoción, meditando sus misterios, se le aparecía la Santísima Virgen radiante de luz, de hermosura y de majestad. Pero después se le enfrió la devoción y rezaba el Rosario a la fuerza y sin atención; se le apareció entonces con el semblante alterado, triste y severo. Como el Beato Hermann se sorprendiera de tal cambio, díjole la Santísima Virgen: «Me presento a tus ojos como estoy en tu alma, pues tú me tratas solamente como una persona vil y despreciable. ¿Qué fue de aquellos tiempos en que me saludabas con respeto y atención, meditando mis misterios y admirando mis grandezas?»

## *Cuadragésimatercera Rosa*

### HAY QUE COMBATIR VIGOROSAMENTE LAS DISTRACCIONES

**122.** Así como no existe oración más meritoria para el alma y más gloriosa para Jesús y Maria que el Rosario bien rezado, no hay tampoco nada más difícil que rezarlo bien, con perseverante atención principalmente por las distracciones que vienen como naturalmente de la frecuente repetición de la misma súplica. Cuando se reza el oficio de la Virgen Santísima, los siete salmos o cualquier otra oración que no sea el Rosario, el cambio o diversidad de términos de que se componen tales oraciones detiene la imaginación y recrea el espíritu, dando al alma, consiguientemente, facilidad para rezarlas bien. Pero en el Rosario, como son siempre los mismos padrenuestros y avemarías y combinados de igual modo es bien difícil no cansarse, no dormirse y no dejarlo para seguir otros rezos más recreativos y menos molestos. Esto es lo que hace que se necesite infinitamente más devoción para perseverar en el rezo del Santo Rosario que en ninguna otra oración, aunque sea ésta el salterio de David.

**123.** Y aumentan esta dificultad nuestra imaginación, tan inquieta que ni un solo momento está en reposo, y la malicia del demonio, tan infatigable para distraernos e impedir nuestra oración. ¿Qué no hará contra nosotros este espíritu malo, mientras nosotros rezamos el Rosario contra él? Durante la oración aumenta el hastío, las distracciones y el decaimiento. Y cuando hemos terminado de orar entre mil trabajos y distracciones, nos deprime de diversas maneras y se burla de nosotros, diciéndonos: «No has hecho nada meritorio, tu Rosario nada vale, mejor te fuera trabajar y ocuparte en tus negocios; pierdes el tiempo en rezar tantas oraciones vocales sin atención; media hora de meditación o una buena lectura valdría mucho más. Mañana, que no tendrás tanto sueño, rezarás con más atención, deja el resto de tu Rosario para mañana.» De este modo, el diablo, con sus artificios, consigue que se abandone el Rosario más o menos por completo o siquiera que se dude y se difiera.

**124.** No lo creais, amados cofrades del Rosario, y tened valor; pues aunque durante todo el Rosario haya estado vuestra imaginación llena de distracciones e ideas extravagantes, si las habéis procurado desechar lo mejor posible desde el momento en que os apercibisteis de ello, vuestro Rosario es mucho mejor, porque es más meritorio y tanto más meritorio cuanto más difícil; y es tanto más difícil cuanto resulta naturalmente menos agradable al alma estar lleno de las enojosas mosquitas y hormigas de las distracciones que recorren nuestra imaginación, a pesar de nuestra voluntad, no dejando así al alma tiempo para gustar lo que dice y reposar en paz.

**125.** Si es preciso que luchéis durante todo el Rosario contra las distracciones, combatid valientemente con las armas en la mano; es decir, continuando el Rosario, aunque sin gusto ni consuelo sensible; es un terrible pero saludable combate para el alma fiel; si rendís vuestras armas, es decir, si dejáis el Rosario, estáis vencidos, y en lo sucesivo el demonio, vencedor de vuestra firmeza, no os dejará en paz, y en el día del juicio os reprochará vuestra pusilanimidad: «El que es fiel en las cosas pequeñas lo será también en las grandes.» (Lc 16,10). El que es fiel en rechazar las pequeñas distracciones durante una breve plegaria será también fiel en las cosas grandes. Nada, en efecto, más cierto que este principio, pues el Espíritu Santo es quien lo ha dicho. Valor, pues, buenos servidores y fieles siervos de Jesucristo y de la Santísima Virgen, que habéis tomado la resolución de rezar el Rosario diariamente. Que la multitud de moscas, yo llamo así a las distracciones que os hacen la guerra mientras rezáis, no sea capaz de obligaros indignamente a dejar la compañía de Jesús y María en la que estáis al rezar el Rosario. (Pondré después los modos de disminuir las distracciones.)

*Cuadragésima cuarta Rosa*

## Cómo debe rezarse el Rosario. Ejemplo

**126.** Después de invocar al Espíritu Santo para rezar bien el Santo Rosario, poneos un momento en la presencia de Dios y ofreced las decenas, del modo que veréis más adelante.

Antes de empezar la decena, deteneos un momento, más o menos prolongado, según el tiempo de que dispongáis, para considerar el misterio que celebréis en la decena, y pedid siempre, por ese misterio y por la intercesión de la Santísima Virgen, una de las virtudes que más sobresalgan en el misterio o aquélla de que os encontréis más necesitados. Tened cuidado, sobre todo, con las dos faltas que ordinariamente cometen todos los que rezan el Santo Rosario. La primera es no formar intención alguna al rezar el Rosario, de manera que si les preguntáis por qué lo rezan, no sabrían responderos. Por eso debéis tener siempre presente al rezar el Rosario alguna gracia que pedir, alguna virtud que deseáis practicar o algún pecado de que queréis veros libres. La segunda falta que comúnmente se comete al rezar el Rosario es no tener otra intención, después de empezado, si no es la de acabarlo pronto. Esto proviene de considerar el Rosario como algo oneroso, que pesa mucho cuando no se ha rezado, sobre todo si se ha hecho ya de ello así como un deber de conciencia o cuando se nos ha impuesto por penitencia o como a nuestro pesar.

**127.** Da compasión el ver cómo reza el Rosario la mayor parte de las gentes; lo dicen con precipitación vertiginosa y aun omiten parte de las palabras. No osarían cumplimentar de tal modo al último de los hombres, y no obstante se llega a creer que Jesús y María estarán con ello muy honrados...

Después de esto, ¿cabe asombrarse si las más santas oraciones de la Religión Cristiana quedan sin fruto alguno; y si después de rezar mil y diez mil Rosarios no es uno más santo?

Detén, querido cofrade del Rosario, tu precipitación natural al rezarlo y haz algunas pausas en medio del padrenuestro y del avemaría, como las que señalo aquí con una cruz:

Padre nuestro, que estás en el cielo, □ santificado sea tu nombre. □ Venga a nosotros tu reino. □ Hágase tu voluntad así en la tierra como en el cielo.

Danos hoy nuestro pan de cada día, □ perdona nuestras ofensas, □ como también nosotros perdonamos a los que nos ofenden, □ no nos dejes caer en la tentación □ y líbranos del mal. Amén.

Dios te salve, María, □ llena eres de gracia, □ el Señor es contigo; □ bendita tú eres entre todas las mujeres □ y bendito es el fruto de tu vientre,

Jesús. □

Santa María, Madre de Dios, □ ruega por nosotros, pecadores, □ ahora y en la hora de nuestra muerte. Amén.

Os costará trabajo al principio hacer estas paradas por la mala costumbre contraída de rezar precipitadamente, pero un decenario dicho con pausa os será más meritorio que miles de Rosarios sin detención, sin reflexionar.

**128.** El Beato Alano de la Roche y otros autores, entre ellos Belarmino, cuentan que un buen sacerdote aconsejó a tres hermanas, penitentes suyas, que rezasen diaria y devotamente el Rosario, durante un año, sin faltar ningún día, para tejer un hermoso vestido de gloria a la Santísima Virgen; y que éste era un secreto que el cielo le había comunicado. Las tres hermanas lo hicieron así durante un año, y el día de la Purificación, al atardecer, cuando ya estaban retiradas, entró en su habitación la Santísima Virgen, acompañada de Santa Catalina y de Santa Inés, llevando la Santísima Virgen un vestido resplandeciente de luz, sobre el cual se leía, escrito por todas partes con caracteres de oro: «Ave Maria, gratia plena.» La Santísima Virgen aproximóse a la cama de la primogénita y le dijo: «Yo te saludo, hija mía, que tan bien y tan frecuentemente me saludaste. Vengo a agradecerte los hermosos vestidos que me hiciste.»

Diéronle también las gracias las dos santas vírgenes que la acompañaban y las tres desaparecieron.

Una hora después, la Santísima Virgen volvió con sus dos compañeras a la misma habitación, vestida con un traje verde, pero sin oro y sin luminosidad, se acercó al lecho de la segunda hermana y le dio gracias por el traje que le había hecho rezando su Rosario; pero como ella había visto a la Santísima Virgen aparecerse a su hermana mayor con mucha mayor brillantez, pidióle la razón de ello. «Es –respondió María– que me hizo mejor vestido, rezando el Rosario mejor que tú.»

Una hora más tarde, aproximadamente, aparecióse la Santísima Virgen por tercera vez a la más joven de las hermanas, vestida con un harapo sucio y roto, diciéndole: «¡Oh hija mía!, así me vestiste; yo te lo agradezco.»

La joven, cubierta de confusión, exclamó: «¡Oh Señora mía! Perdón os pido por haberos vestido tan mal, dadme tiempo para haceros un hermoso traje rezando bien el Rosario.» Desaparecida la visión, contó la afligida joven a su confesor cuánto le había ocurrido, y éste la animó a rezar durante un año el Rosario con más perfección que nunca, cosa que ella hizo. Al cabo del año, el mismo día de la Purificación, la Santísima Virgen, también acompañada de Santa Catalina y Santa Inés, que llevaban coronas, y vestida con hermosísimo traje, se les apareció al atardecer y les dijo: «Estad seguras, hijas mías, del reino de los cielos, donde entraréis mañana con gran alegría.» A lo que respondieron las tres:

«Preparado está nuestro corazón, amadísima Maestra, nuestro corazón está preparado.» La visión desapareció. Aquella misma noche se sintieron enfermas, llamaron a su confesor, recibieron los últimos sacramentos y dieron las gracias a su director por la santa práctica que les había enseñado.

Después de Completas se les apareció de nuevo la Santísima Virgen acompañada de un gran número de vírgenes, e hizo vestirse con túnicas blancas a las tres hermanas, que, luego de esto, murieron, mientras cantaban los ángeles: «Venid, esposas de Jesucristo, recibid las coronas que os están preparadas desde la eternidad.»

Aprended de esta historia varias verdades:

1.° Cuán importante es tener buenos directores que inspiren santas prácticas de piedad y particularmente el Santo Rosario; 2.° la importancia de rezar el Santo Rosario con atención y devoción; 3.° cuán benigna y misericordiosa es la Santísima Virgen con los que se arrepienten del pasado y proponen enmendarse; 4.° cuán liberal es en recompensar durante la vida, en la hora de la muerte y en la eternidad los pequeños servicios que con fidelidad se le hacen.

## *Cuadragésima quinta Rosa*

### Hay que rezar el Rosario con modestia

**129.** Añado que es preciso rezar el Santo Rosario con modestia; es decir, en cuanto se pueda, de rodillas, con las manos juntas y entre ellas el Rosario. No obstante, en caso de enfermedad puede rezarse en la cama; de viaje, puede rezarse caminando, y si por alguna enfermedad no se puede estar de rodillas, puede rezarse en pie o sentado. Puede también rezarse trabajando, cuando no es posible dejar el trabajo, para satisfacer los deberes de la profesión, porque el trabajo manual no siempre es contrario a la oración vocal. Confieso que nuestra alma, por su limitación, cuando está atenta al trabajo de las manos, lo está menos a las operaciones del espíritu, tales como la oración; pero, sin embargo, de imponerlo la necesidad, tiene también su precio esta oración ante la Santísima Virgen, que recompensa más el buen deseo del corazón que el acto exterior.

**130.** Os aconsejo dividir el Rosario en tres partes y tres tiempos diferentes del día, es preferible dividirlo así a rezarlo todo de una vez.

Si no podéis encontrar tiempo suficiente para rezar el tercio seguido, rezad una decena aquí y la otra allá y podréis arreglaros de modo que, a pesar de vuestras ocupaciones y negocios, antes de acostaros, hayáis rezado el Rosario completo. Imitad en eso la fidelidad de San Francisco de Sales, quien, cierto día que se hallaba muy cansado por las visitas que había hecho, cuando eran ya muy cerca de las doce de la noche, recordó que le faltaba por rezar algunas decenas del Rosario, e inmediatamente se puso de rodillas y las rezó antes de acostarse, a pesar de todas las respetuosas reconvenciones que su capellán, viéndole tan cansado, le hizo para que aplazase hasta la mañana siguiente lo que quedaba por rezar. Imitad la fidelidad, modestia y devoción de aquel santo religioso que, según refieren las crónicas de San Francisco, tenía por costumbre rezar un Rosario con mucha devoción y modestia antes de comer, como más arriba contamos.

## *Cuadragésima sexta Rosa*

### Rezad el Rosario en comunidad y a dos coros

**131.** De cuantos modos hay de rezar el Rosario, el más glorioso para Dios y saludable para el alma, como también el más terrible para el diablo, es salmodiarlo o rezarlo públicamente a dos coros.

Dios se complace en las asambleas. Todos los santos y bienaventurados reunidos en el cielo le cantan incesantemente alabanzas. Los justos de la tierra, reunidos en varias comunidades, le ruegan colectivamente día y noche. Nuestro Señor aconsejó expresamente tal práctica a sus Apóstoles y discípulos, prometiéndoles que cuantas veces se reuniesen dos o tres en su nombre se encontraría en medio de ellos para rogar en su nombre y rezar la misma oración. ¡Qué dicha estar en compañía de Jesús! Sin embargo, para poseerle basta con reunirse a rezar el Rosario.

¡Estar en compañía de Jesucristo! He ahí la razón por la que los primeros cristianos se reunían tan a menudo, a despecho de las persecuciones de los emperadores, que les prohibían congregarse. Preferían exponerse a la muerte a faltar a sus asambleas, en las que estaban ciertos de tener en su compañía a Jesús.

**132.** Este modo de oración es más saludable al alma:

1.° Porque el espíritu está ordinariamente más atento en la oración pública que en la oración en privado.

2.° Cuando se reza en comunidad, las oraciones de cada individuo se hacen comunes a toda la asamblea y no forman todas juntas más que una sola oración; de suerte que si algún particular no reza tan bien, otro que lo hace mejor compensa su falta; el fuerte sostiene al débil, el fervoroso enardece al tibio, el rico enriquece al pobre, el malo pasa entre los buenos. ¿Cómo vender una medida de cizaña? Únicamente mezclándola con cuatro o cinco fanegas de trigo bueno.

3.° Una persona que reza el Rosario sola tiene solamente el mérito de un Rosario; pero si lo reza con treinta personas, adquiere el mérito de treinta Rosarios. Tales son las leyes de la oración pública. ¡Qué ganancia! ¡Qué ventaja!

4.° Urbano VIII, muy satisfecho de la devoción del Rosario, que se rezaba a dos coros en muchos lugares de Roma, especialmente en el convento de la Minerva, concedió cien días de indulgencia cuantas veces se rezara a dos coros: *Toties quoties*. Éstos son los términos de su breve que empieza: *Ad perpetuam rei memoriam*, año 1626. Así que todas las veces que se reza en comunidad se ganan cien días de indulgencia.

5.° Esta oración pública es más poderosa para apaciguar la ira de Dios y alcanzar su misericordia que la oración particular, y la Iglesia, dirigida por el Espíritu Santo, se sirvió de esa forma de oración en los tiempos de miserias y calamidades públicas.

El Papa Gregorio XIII declara en una bula que es forzoso creer piadosamente que las oraciones públicas y las procesiones de los cofrades del Santo Rosario habían contribuido mucho a obtener de Dios la gran victoria que los cristianos ganaron en el golfo de Lepanto sobre la armada de los turcos el primer domingo de octubre del año 1571.

**133.** Luis el Justo, de feliz memoria, sitiando La Rochela, donde tenían los herejes revolucionarios sus fuertes, escribía a la Reina, su madre, para que se hiciesen oraciones públicas por la prosperidad de su ejército. La Reina resolvió organizar Rosarios públicos en la iglesia de los Hermanos Predicadores del barrio de San Honorato de París, lo que cumplió con el mayor esmero el señor Arzobispo. Se empezó esta devoción el 20 de mayo de 1628. Asistieron la Reina Madre y la Reina Regente, así como el Duque de Orleans, los eminentísimos señores Cardenales de la Rochefoucault y Berulle, muchos prelados, toda la corte y una multitud innumerable de pueblo. El señor Arzobispo leía en alta voz las meditaciones sobre los misterios del Rosario y empezaba a continuación el padrenuestro y el avemaría de cada decena, que los religiosos y asistentes contestaban. Después del Rosario, llevaron en procesión la imagen de la Santísima Virgen, cantando sus letanías. Continuóse esta devoción todos los sábados con admirable fervor y bendición evidente del cielo, pues el Rey triunfó sobre los ingleses en la isla de Re y entró victoriosamente en La Rochela el día de Todos los Santos del mismo año; lo que demuestra la fuerza de la oración pública.

**134.** En fin, el Rosario rezado en comunidad es mucho más terrible para el demonio, pues se constituye por tal medio un cuerpo de ejército para atacarle. Triunfa, algunas veces con facilidad, de la oración particular, pero si ésta se une a la de los demás, entonces con gran dificultad podrá conseguir su propósito. Es fácil romper una varita, pero si la unís a otra y hacéis un haz, no podréis romperla. «La fuerza, cuando se une, se hace mayor.». Los soldados se unen en cuerpo de ejército para combatir a sus enemigos, los malos se unen con frecuencia para sus excesos y sus bailes, los mismos demonios se unen para perdernos; ¿por qué, pues, los cristianos no han de unirse para estar en compañía de Jesucristo, para apaciguar la ira de Dios, para alcanzar su gracia y su misericordia y para vencer y abatir más poderosamente a los demonios?

Amados cofrades del Rosario, sea que viváis en la ciudad o en el campo, cerca de la iglesia parroquial o de una capilla, id a ella al menos todas las tardes y, con permiso del señor rector de dicha parroquia y en compañía de cuantos lo deseen, rezad el Rosario a dos coros; haced lo mismo en vuestra casa o en la de un particular cualquiera del pueblo, si no tenéis la comodidad de la iglesia o capilla.

**135.** Es una santa práctica que Dios, por su misericordia, estableció en los lugares en que di misiones, para conservar y aumentar el fruto e impedir el pecado. En esas villas y aldeas, antes de establecer el Rosario, sólo bailes, excesos, disolución, inmodestias, juramentos, querellas y divisiones se veían; únicamente se escuchaban canciones deshonestas y palabras de doble sentido. Al presente no se oyen más que los cánticos y la salmodia del padrenuestro y el avemaría, sólo se ven santas compañías de veinte, treinta, cien y más personas que cantan como religiosos alabanzas a Dios en una hora determinada. Hay también lugares en que diariamente se reza el Rosario en comunidad en tres tiempos del día. ¡Qué bendición del cielo! Como por todas partes hay réprobos, no dudéis de que hay en los lugares donde vivís algunos malos que desdeñarán de venir a vuestro Rosario, que os ridiculizarán quizás y aun harán cuanto puedan, con sus malas palabras y ejemplos, para impediros continuar este santo ejercicio; pero tened entendido que como tales desgraciados han de estar para siempre separados de Dios y de su paraíso en el infierno, es preciso que aquí anticipadamente, en la tierra, se separen de Jesucristo y de sus servidores y siervas.

## *Cuadragésima séptima Rosa*

### Rezad diariamente el rosario con fe, humildad y confianza

### Necesidad de la oración

**136.** Separaos de los malos, pueblo de Dios, almas predestinadas, y para escapar y salvaros de en medio de los que se condenan por su impiedad, indevoción y ociosidad, decidíos, sin perdida de tiempo, a rezar con frecuencia el Santo Rosario, con fe, con humildad, con confianza y con perseverancia. Quien piense seriamente en el mandato de Jesucristo de que oremos constantemente, según su ejemplo, por las inmensas necesidades que tenemos de la oración a causa de nuestras tinieblas, ignorancias y debilidades y de la multitud de nuestras enemigos, no se contentará, ciertamente, con rezar el Rosario una vez al año, según ordena la Cofradía del Rosario Perpetuo, ni todas las semanas, como la del Rosario ordinario prescribe, sino que lo rezará todos los días, sin faltar uno, como la cofradía del Rosario cotidiano señala, aunque no tenga otra obligación que la de salvarse.

*Oportet,* es precioso, es necesario, *semper orare,* orar siempre, *et non deficere,* no cesar de orar.

**137.** Son éstas palabras eternas de Jesucristo, que es forzoso creer y practicar, bajo pena de condenación. Explicadlas como queráis, con tal que no las expliquéis a la moda, a fin de no practicarlas a la moda. Jesucristo nos dio su verdadera explicación en los ejemplos que nos ha dejado: «Os he dado ejemplo para que, como yo he hecho, así hagáis vosotros.» (Jn 13,15). «Pasó toda la noche en oración a Dios.» (Lc 6,12). Como si el día no le bastase, empleaba la noche en la oración. Con frecuencia repetía a sus Apóstoles estas dos palabras: «Vigilate et orate» Velad y orad; la carne es débil, la tentación próxima y continua. Si no oráis constantemente, caeréis. Como quiera que creyeron que lo que Nuestro Señor les decía era sólo de consejo, interpretaron equivocadamente estas palabras y por eso cayeron en la tentación y en el pecado, aun estando en compañía de Jesucristo.

**138.** Si quieres vivir, amado cofrade, a la moda y darte a la moda; es decir, si transiges con caer de vez en cuando en pecado mortal, pensando confesarte después, si evitas los pecados groseros y escandalosos y conservas las apariencias de la hombría de bien, no son necesarias tantas oraciones, ni que reces tantos Rosarios; una pequeña oración por la mañana y por la tarde unos cuantos Rosarios más que te sean impuestos en penitencia y algunas decenas de avemarías dichas en el Rosario de cinco misterios, a paso de carga y cuando te vinieren en gana, son bastante para aparecer ante el mundo como cristiano. Si hicieras menos, te acercarías al libertinaje; si hicieras más, te aproximarías a la excepción, a la gazmoñería.

**139.** Pero si, como verdadero cristiano que desea de veras salvarse y caminar por el sendero de los santos, quieres no caer de ningún modo en pecado mortal, romper todas las ligaduras y apagar todos los dardos encendidos del diablo, es necesario que reces siempre como enseñó Jesucristo. Por tanto, es necesario, al menos, que reces diariamente el Rosario u otras oraciones equivalentes. Y repito «al menos» porque ése será el fruto que conseguirás rezando el Rosario todos los días: evitar todos los pecados mortales y vencer todas las tentaciones, en medio de los torrentes de iniquidad del mundo, que arrastran con frecuencia a los más seguros; en medio de las espesas tinieblas, que ciegan con frecuencia a los más iluminados, en medio de los espíritus malignos, que, más diestros que nunca y con menos tiempo para tentar, lo hacen con mayor habilidad y éxito.

¡Oh, qué maravilla de la gracia del Santo Rosario! ¡Poder escapar del mundo, del demonio y de la carne y salvaros para el cielo!

**140.** Si no queréis creer lo que os digo creed en vuestra propia experiencia. Yo os pregunto si cuando sólo hacíais un poco de oración, como se hace en el mundo y del modo que ordinariamente se hace, podíais evitar faltas groseras y grandes pecados que por vuestra ceguera os parecían pequeños. Abrid, pues, los ojos, y para vivir y morir santamente, sin pecados, al menos mortales, orad siempre, rezad todos los días el Rosario, como lo hacían en otro tiempo los cofrades al establecerse la Cofradía. La Santísima Virgen, al dárselo a Santo Domingo, le ordenó que lo rezase e hiciera rezar todos los días; y el Santo no recibía en la cofradía a ninguno como no estuviera resuelto a rezarlo diariamente. Si, ahora, no se exige, en la Cofradía del Rosario ordinario, más que un Rosario por semana, es porque el fervor se ha apagado y se ha enfriado la caridad. De aquí se deduce que puede decirse de quien reza mal: «Al principio no fue así» (Mt 19, 8).

Es preciso también advertir tres cosas.

**141.** La primera, que si deseáis inscribiros en la Cofradía del Rosario cotidiano y participar de las oraciones y méritos de los que están en ella, no basta con ser inscrito en la Cofradía del Rosario ordinario o tomar solamente la resolución de rezar el Rosario todos los días; es preciso además dar vuestro nombre a los que tienen potestad para inscribiros; y es conveniente confesar y comulgar en la ocasión de ser recibidos cofrades por esta intención. La razón de la mencionada advertencia consiste en que el Rosario ordinario no envuelve el cotidiano, pero el Rosario cotidiano implica el ordinario.

Lo segundo que debe tenerse en cuenta es: que no hay, absolutamente hablando, ningún pecado, ni aun venial, en dejar el Rosario diario, ni el semanal, ni el anual.

Y lo tercero, que cuando la enfermedad, obediencia legítima, necesidad u olvido involuntario son causa de que no podáis rezar el Rosario, no dejáis por eso de tener su mérito y no perdéis la participación en los Rosarios de los otros cofrades; y por tanto no es necesario en absoluto que al día siguiente recéis dos Rosarios para suplir al que habéis faltado, sin culpa vuestra según yo supongo. Si, no obstante, la enfermedad os permitiera rezar una parte del Rosario, debéis rezarla. «Felices tus servidores, que estan siempre junto a ti.»[2]. «Felices los que habitan en tu casa, te alabarán sin cesar»[3]: Bienaventurados, oh Jesús, Señor nuestro, los cofrades del Rosario cotidiano, que todos los días están alrededor vuestro y en vuestra casita de Nazaret, alrededor de vuestra cruz sobre el Calvario y alrededor de vuestro trono en los cielos, para meditar y contemplar vuestros misterios gozosos, dolorosos y gloriosos. ¡Oh, qué felices son en la tierra por las gracias especiales que les comunicáis y qué dichosos serán en el cielo, donde os alabarán de modo especial por los siglos de los siglos!

**142.** Además es preciso rezar el Rosario con fe, según las palabras de Jesucristo: «Credite quia accipietis et fiet vobis»[4]: Creed que recibiréis de Dios lo que le pidáis, y os escuchará. Os dirá: «Hágase como has creído» (Mt 8,13). «Si alguno necesita sabiduría, que la pida a Dios con fe, sin desconfiar, rezando el Rosario, y se le dará.» (St 1, 5-6).

**143.** Es también necesario rezar con humildad, como el publicano que estaba con las dos rodillas en tierra, y no con una rodilla en el aire o sobre un banco, como los mundanos; estaba al fondo de la iglesia, y no en el santuario, como el fariseo; tenía los ojos bajos hacia el suelo, sin

---

2. 1 R 10, 8.
3. Sal 84 (83), 5.
4. Mc 11, 24.

atreverse a mirar al cielo, y no con la cabeza levantada, mirando acá y allá, como el fariseo; y golpeaba su pecho confesándose pecador y pidiendo perdón (Lc 18, 13), y no como el fariseo, que se vanagloriaba de sus buenas obras, despreciando a los demás en sus oraciones. Guardaos de la orgullosa oración del fariseo que le volvía más endurecido y maldito; imitad, en cambio, la humildad del publicano en su oración, que le obtuvo la remisión de sus pecados. Tened cuidado en no tender a lo extraordinario y de no pedir y desear conocimientos extraordinarios, visiones, revelaciones y otras gracias milagrosas que algunas veces se han comunicado a ciertos santos en el rezo del Rosario. La fe sola es suficiente en la actualidad, puesto que el Evangelio y todas las devociones y prácticas de piedad son enteramente eficaces. No omitáis jamás la más mínima parte del Rosario en vuestros desalientos, sequedades y decaimientos interiores; eso sería señal de orgullo e infidelidad; sino, como bravos campeones de Jesús y María, sin ver, sentir, ni gustar nada, rezad en medio de toda vuestra sequedad el padrenuestro y el avemaría, pensando lo mejor que podáis en los misterios. No deseéis los bombones y golosinas de los niños para comer vuestro pan cotidiano, y para imitar con más perfección a Jesucristo en su agonía, prolongad vuestro Rosario cuando tengáis más trabajo para rezarlo; para que pueda aplicarse a vosotros lo dicho de Jesucristo cuando estaba en la agonía de la oración: oraba más largamente. (Lc 22, 43).

**144.** En fin, orad con mucha confianza, fundada en la bondad y liberalidad infinita de Dios y en las promesas de Jesucristo. Dios es un manantial de agua viva que afluye al corazón de los que oran. Jesucristo es el pecho del Padre Eterno, lleno de gracia y de verdad; el mayor deseo del Padre Eterno con relación a nosotros es comunicarnos las aguas saludables de su gracia y misericordia; y exclama: Venid a beber de mis aguas (Is 55, 1) por la oración; y cuando no se le pide, se lamenta de que se le abandona: «Me han abandonado a mí, la fuente de agua viva.» (Jer 2, 13).

Se proporciona un gran placer a Jesucristo pidiéndole sus gracias; y mayor satisfacción todavía que procura a las madres naturales dar a sus hijos el néctar de sus pechos. La oración es el canal de la gracia de Dios y a modo de pecho maternal de Jesucristo. Si no se acude a ella como deben hacerlo todos los hijos de Dios, Jesucristo se queja amorosamente: Hasta ahora nada me habéis pedido: pedidme y os daré, buscadme y me encontraréis, llamad a mi puerta, que yo os la abriré (Mt 7, 7; Jn 16, 24). Y para animaros más a rogarle con confianza, empeña su palabra de que el Eterno Padre nos concederá cuanto le pidamos en su nombre: en el nombre de Jesús.

## *Cuadragésima octava Rosa*

### PERSEVEREMOS EN NUESTRA DEVOCIÓN AL ROSARIO

**145.** Pero a nuestra confianza unamos en quinto lugar la perseverancia en la oración. Sólo el que persevera en pedir, buscar y llamar recibirá, encontrará y entrará. No basta con pedir a Dios una gracia durante un mes, un año, diez años, veinte; no hay que enojarse «et non deficere», «y no desfallecer», es preciso pedir hasta la muerte y estar resuelto a obtener lo que se pide para la salvación o a morir, y aun es preciso unir a la muerte la perseverancia en la oración y la confianza en Dios y decir: «Etiam si occidet me sperabo in eum»[5]: Aun cuando quisiera darme la muerte, esperaría en Él y de Él lo que pido.

**146.** La liberalidad de los ricos y grandes del mundo muéstrase previniendo por sus beneficios lo que necesitan los demás, aun antes que se lo pidan; pero Dios, por el contrario, muestra su magnificencia en hacer buscar durante mucho tiempo y hacer pedir las gracias que quiere conceder, y cuanto más preciosa es la gracia que quiere otorgar, más tiempo difiere su concesión:

5. *Sic*. Pero Job, dice: «Etiam si occiderit me, in sperabo.»

1.° Para aumentarla de ese modo.

2.° Para que quien la reciba la tenga en gran estima.

3.° Para que tenga cuidado de no perderla después de recibida; porque no se estima mucho lo que en un momento y con poco trabajo se consigue.

Perseverad, pues, amados cofrades del Rosario, pidiendo a Dios por el Santo Rosario todas vuestras necesidades espirituales y corporales, y particularmente, la divina Sabiduría que es un tesoro infinito. «Thesaurus est infinitus» (Sab 7, 14); y tarde o temprano la obtendréis infaliblemente, con tal que no lo dejéis ni perdáis ánimos durante vuestra carrera.

«Grandis enim tibi restat via» (1 Re 19, 7).

Porque aún os falta mucho camino por recorrer, muchos malos tiempos que atravesar, muchas dificultades que remover, muchos enemigos que vencer, antes de reunir tesoros bastantes para la eternidad, muchos padrenuestros y avemarías para adquirir el Paraíso y ganar la corona hermosísima que espera todo fiel cofrade del Rosario.

«Nema accipiat coronam tuam» (Ap 3, 11): Cuidad que otro más fiel que vos en rezar bien y diariamente su Rosario no os la quite. «Coronam tuam»: era vuestra, Dios os la había preparado y la teníais casi ganada con vuestros Rosarios bien rezados, y por haberos detenido en tan hermoso camino, por donde caminabais tan deprisa, «currebatis bene» (Gál 5, 7), otro que os adelantó, llegó el primero, otro más diligente y más fiel adquirió y pagó con sus Rosarios y buenas obras lo preciso para comprar esta corona. «Quid vos impedivit?» (ibíd.). ¿Quién os ha impedido tener la corona del Santo Rosario? ¡Ah, los enemigos del Santo Rosario, que son muchos!

**147.** Creedme, solamente alcanzarán esa corona los esforzados que la arrebatan violentamente, «violenti rapiunt» (Mt 11, 12). No son estas coronas para los medrosos que temen las burlas y amenazas del mundo, ni tampoco para los perezosos y holgazanes que rezan el Rosario con negligencia o a la fuerza o por rutina y con intervalos, según su fantasía; no son estas coronas para los cobardes que se descorazonan y deponen las armas cuando ven a todo el infierno desencadenado contra su Rosario.

Si queréis, amados cofrades del Rosario, entrar al servicio de Jesús y María rezando diariamente el Rosario, preparad vuestra alma para la tentación (Si 2, 1). Los herejes, los libertinos, los hombres de bien del mundo, los semidevotos y falsos profetas, de acuerdo con vuestra corrompida naturaleza y el infierno todo, os presentarán terribles combates para obligaros a abandonar esta práctica.

**148.** Para preveniros contra los ataques, no tanto de los herejes y libertinos declarados como de la «gente buena» –según el mundo–, y aun de las personas devotas a quien esta práctica no agrada, vaya escribirte con sencillez algo de lo que a diario dicen y piensan:

«¿Qué querrá decir este charlatán?» (Hch 17, 18) «Vamos, persigamos al justo, que nos molesta y se opone a nuestra forma de actuar.» (Sb 2, 12) ¿Qué quiere decir este gran rezador de Rosarios? ¿Qué es lo que musita a horas? ¡Qué holgazanería! No hace otra cosa que rezar Rosarios, mejor le fuera trabajar, sin divertirse con tantas santurronerías. ¡Claro que sí! ¡No hay más que rezar el Rosario, y las alondras caerán tostadas del cielo! ¡El Rosario nos traerá algo bueno para cenar! Dijo Dios: Ayúdate y te ayudaré, ¿para qué atolondrarse con tantas oraciones? «Brevis oratio penetrat coelos.» Bastan un padrenuestro y un avemaría bien dichos. Dios no nos impuso el Rosario. Es bueno cuando se tiene tiempo, pero no tendremos menos facilidad de salvarnos por eso. ¡Cuántos santos hay que no lo rezaron nunca! Hay gentes que juzgan a todo el mundo por su medida, indiscretos que todo lo llevan al extremo, hay escrupulosos que encuentran pecado donde no lo hay y dicen que todos los que no recen el Rosario se condenarán. Rezar el Rosario es bueno para mujercillas ignorantes que no saben leer. ¡Rezar el Rosario! ¿No es mejor rezar el Oficio de la Santísima Virgen o los siete salmos? ¿Hay nada tan hermoso como esos salmos, dictados por el Espíritu Santo? ¿Os habéis habituado a rezar el Rosario todos los días?

¡Humo de paja que poco durará! ¿No sería mejor echarse encima menos carga y ser más constante? Vaya, querido amigo, creedme, haced bien vuestra oración por la mañana y por la noche, trabajad por Dios durante el día, Dios no os pide más; si no tuvieseis, como tenéis, que ganaros la vida, pudiera pasar que os distrajeseis en rezar el Rosario; podéis rezarlo los domingos y fiestas a vuestra elección, pero no en los días laborables; tenéis que trabajar. ¡A qué un Rosario tan grande como el de las mujeres! Yo los he visto de una decena, que vale tanto como el de quince decenas. ¡Qué! ¡Llevar el Rosario en la cintura!, ¡qué gazmoñería!; os aconsejo ponerlo al cuello como hacen los españoles. Ésos son grandes rezadores de Rosarios; llevan uno grande en una mano y en la otra un puñal para dar un golpe traidor. Dejad, dejad esas devociones exteriores, la verdadera devoción está en el corazón, etc.

**149.** Muchas personas hábiles y grandes doctores, pero espíritus fuertes y orgullosos, no os aconsejarán quizá el Santo Rosario; os llevarán más bien a rezar los siete salmos penitenciales o algunas otras oraciones. Si algún confesor os puso de penitencia rezar un Rosario durante quince días o un mes, os basta confesaros con uno de esos señores para que os cambie la penitencia en otras oraciones, ayunos, misas o sermones. Aun si consultáis sobre lo mismo a algunas personas de oración de ésas que hay en el mundo, como no conocen por experiencia la excelencia del Rosario, no solamente no lo aconsejarán a nadie, sino que disuadirán de ello a los demás, para aplicarlos a la contemplación como si el Rosario y la contemplación fuesen incompatibles y como si tantos santos que fueron devotos del Rosario no hubieran llegado a la más sublime contemplación.

Vuestros enemigos domésticos os atacarán tanto más cruelmente cuanto más unidos estéis con ellos. Quiero decir: las potencias de vuestra alma y los sentidos de vuestro cuerpo, las distracciones del espiritu, el tedio de la voluntad, las sequedades del corazón, los decaimientos y enfermedades del cuerpo, todo esto, de concierto con los espíritus malignos que se mezclan con ellos, os gritará: deja tu Rosario, es él quien te da dolor de cabeza; «Deja tu Rosario, que no hay obligación ninguna de rezarlo, bajo pena de pecado; al menos reza sólo una parte, tus penas son una señal de que Dios no quiere que los reces, ya lo rezarás mañana que estarás mejor dispuesto», etcétera.

**150.** En fin, amado hermano, el Rosario cotidiano tiene tantos enemigos, que considero como uno de los más insignes favores de Dios la gracia de perseverar en su devoción hasta la muerte.

Perseverad vosotros, y tendréis la corona admirable preparada en el cielo a vuestra fidelidad (Ap 2, 10).

## *Cuadragésima novena Rosa*

### Observaciones sobre las indulgencias

**151.** A fin de que, al rezar el Rosario, ganéis las indulgencias concedidas a los cofrades del Santo Rosario, es conveniente hacer algunas observaciones sobre las indulgencias.

La indulgencia, en general, es una remisión o moderación de las penas temporales debidas por los pecados actuales, por la aplicación de las satisfacciones sobreabundantes de Jesucristo, de la Santísima Virgen y de todos los santos, que están encerradas en los tesoros de la Iglesia.

La indulgencia plenaria es una remisión de todas las penas debidas por el pecado; la no plenaria, como de cien, mil años, más o menos, es la remisión de tantas penas como hubiéramos podido expiar durante cien o mil años si hubiéramos hecho durante ese tiempo, proporcionalmente, las penitencias enumeradas en los antiguos cánones de la Iglesia.

Ahora bien, estos cánones ordenaban, para un solo pecado mortal, siete y algunas veces diez y hasta quince años de penitencia, de suerte que una persona que hubiera cometido veinte pecados mortales debía hacer, por lo menos, siete veces veinte años de penitencia, y así sucesivamente.

**152.** Para que los cofrades del Rosario ganen las indulgencias, es preciso:

1.° Que estén verdaderamente arrepentidos y que hayan confesado y comulgado, como dicen las bulas de las indulgencias.

2.° Que no tengan afecto alguno al pecado venial, porque subsistiendo el afecto al pecado subsiste la culpa, y subsistiendo la culpa no se perdona la pena.

3.° Es preciso que hagan las oraciones y buenas obras que señalan las bulas.

Cuando, según la intención de los Papas, se puede ganar una indulgencia parcial, por ejemplo, de cien años, sin ganar la plenaria, no siempre es necesario –para ganar la parcial– haber confesado y comulgado. Es lo que sucede con las indulgencias otorgadas al rezo del Santo Rosario, a las procesiones, a los Rosarios benditos, etc.

No despreciéis estas indulgencias.

**153.** Flammin y un gran número de autores refieren que una distinguida señorita llamada Alejandra, milagrosamente convertida, e inscrita en la cofradía del Rosario por Santo Domingo, se le apareció después de muerta y le dijo que estaba condenada a setecientos años de purgatorio por varios pecados que había cometido y hecho cometer a varios con sus vanidades mundanas, y le rogó que la aliviase e hiciese que la aliviasen con sus oraciones los cofrades del Rosario; así lo hizo el Santo. Quince días después se reapareció a Santo Domingo más brillante que un sol, pues en tan corto tiempo había sido libertada por las oraciones que los cofrades del Rosario hicieron por ella. Advirtió también al Santo que venía de parte de las almas del Purgatorio para exhortarle a continuar predicando el Rosario y hacer de modo que sus parientes las hicieran partícipes de sus Rosarios, por lo cual ellas les recompensarían abundantemente cuando llegaran a la gloria.

### *Quincuagésima Rosa*

**154.** A fin de facilitar el ejercicio del Santo Rosario, he aquí varios métodos para rezarlo santamente, con la meditación de los misterios gozosos, dolorosos y gloriosos de Jesús y María. Os detendréis en el que más os agrade, y aun podéis vosotros mismos formar particularmente otro, como han hecho muchos santos personajes.

## MÉTODOS DEVOTOS

### de recitar el Santo Rosario y atraer la gracia de los misterios de la vida, pasión y gloria de Jesús y María

---

### PRIMER MÉTODO[1]

#### Ofrecimiento del Rosario

Yo me uno a los santos del cielo y a los justos de la tierra, oh Jesús mío, para alabar dignamente a vuestra Santísima Madre y a Vos en Ella y por Ella. Y renuncio a cuantas distracciones sufra durante este Rosario.

Os ofrecemos, Señora, el Credo para honrar vuestra fe mientras vivisteis en la tierra y pediros que nos hagáis partícipes de esa misma fe.

Os ofrecemos el padrenuestro, Señor, para adoraros en vuestra unidad y reconoceros como principio y fin de todas las cosas.

---

1. Este método es algo diferente del que se ha divulgado por todas partes. El Santo lo modificó después; aquí aparece tal cual está en el manuscrito del Rosario.

Os ofrecemos, Trinidad Santísima, tres avemarías, para agradeceros todas las mercedes que habéis hecho a María y las que nos habéis hecho a nosotros por su mediación.

[Credo], un padrenuestro y tres avemarías, gloria, etc.

## OFRECIMIENTO PARTICULAR DE LAS DECENAS

### *Misterios gozosos*

1.ª decena. – Os ofrecemos esta primera decena, Señor nuestro Jesucristo, en honor de vuestra Encarnación. Y os rogamos, por este misterio y por la intercesión de vuestra santa Madre, una profunda humildad de corazón.

*Un padrenuestro, diez avemarías, gloria.*

Gracias del misterio de la Encarnación, descended a mi alma y hacedla verdaderamente humilde.

2.ª decena. – Os ofrecemos, Señor nuestro Jesucristo, esta segunda decena en honor de la Visitación de vuestra santísima Madre a su prima Santa Isabel. Y os pedimos, por este misterio y por la intercesión de María, una perfecta caridad con nuestro prójimo.

*Un padrenuestro, diez avemarías, gloria.*

Gracias del misterio de la Visitación, descended a mi alma y hacedla verdaderamente caritativa.

3.ª decena. – Os ofrecemos esta tercera decena, oh Jesús niño, en honor de vuestro santo nacimiento. Y os pedimos, por este misterio y por intercesión de vuestra santa Madre, el desasimiento de los bienes de la tierra y el amor a la pobreza y a los pobres.

*Un padrenuestro, diez avemarías, gloria.*

Gracias del misterio de la Natividad, descended a mi alma y hacedla pobre de espíritu.

4.ª decena. – Os ofrecemos, Señor nuestro Jesucristo, esta cuarta decena en honor de vuestra Presentación en el templo por manos de María. Y por este misterio y por la intercesión de vuestra santa Madre, os pedimos el don de sabiduría y la pureza de corazón y de cuerpo.

*Un padrenuestro, diez avemarías, gloria.*

Gracias del misterio de la Purificación, descended a mi alma y hacedla verdaderamente sabia y pura

5.ª decena. – Os ofrecemos, Señor nuestro Jesucristo, esta quinta decena en honor de haberos recobrado María en medio de los doctores cuando os había perdido. Y os pedimos, por este misterio y por intercesión de Ella, nuestra conversión y la de los herejes, cismáticos e idólatras.

*Un padrenuestro, diez avemarías, gloria.*

Gracias del misterio de Jesús hallado en el templo, descended a mi alma y convertidla.

## *Misterios dolorosos*

6.ª decena. – Os ofrecemos, Señor nuestro Jesucristo, esta sexta decena en honor de vuestra Agonía mortal en el Huerto de los Olivos. Y os pedimos, por este misterio y por la intercesión de vuestra santa Madre, una perfecta contrición de nuestros pecados y entera conformidad a vuestra santa voluntad.

*Un padrenuestro, diez avemarías, gloria.*

Gracias de la Agonía de Jesús, descended a mi alma y hacedla verdaderamente contrita y confome con la voluntad de Dios.

7.ª decena. – Os ofrecemos, Señor nuestro Jesucristo, esta séptima decena en honor de vuestra santa Flagelación. Y os pedimos, por este misterio y por la intercesión de vuestra santísima Madre, perfecta mortificación de nuestros sentidos.

*Un padrenuestro, diez avemarías, gloria.*

Gracias de la Flagelación de Jesús, descended a mi alma y hacedla verdaderamente mortificada.

8.ª decena. – Os ofrecemos, Señor nuestro Jesucristo, esta octava decena en honor de vuestra dolorosa Coronación de espinas. Y os pedimos, por este misterio y por la intercesión de vuestra santa Madre, un gran desprecio del mundo.

*Un padrenuestro, diez avemarías, gloria.*

Gracias del misterio de la Coronación de espinas de Jesús, descended a mi alma y hacedla verdaderamente opuesta al mundo.

9.ª decena. – Os ofrecemos, Señor nuestro Jesucristo, esta novena decena en honor de vuestra Cruz a cuestas. Y os pedimos, por este misterio y por la intercesión de vuestra santísima Madre, paciencia para llevar la cruz detrás de Vos todos los días de nuestra vida.

*Un padrenuestro, diez avemarías, gloria.*

Gracias del misterio de la Cruz a cuestas, descended a mi alma y hacedla verdaderamente paciente.

10.ª decena. – Os ofrecemos, Señor nuestro Jesucristo, esta décima decena, en honor de vuestra Crucifixión en el Calvario. Y os pedimos, por este misterio y por la intercesión de vuestra santísima Madre, gran horror al pecado, amor a la Cruz y buena muerte para nosotros y para cuantos están ahora en la agonía.

*Un padrenuestro, diez avemarías, gloria.*

Gracias del misterio de la Pasión y Muerte de Jesucristo, descended a mi alma y hacedla verdaderamente santa.

## *Misterios gloriosos*

11.ª decena. – Os ofrecemos, Señor nuestro Jesucristo, esta undécima decena en honor de vuestra triunfante Resurrección. Y os pedimos, por este misterio y por intercesión de vuestra santísima Madre, una fe viva.

*Un padrenuestro, diez avemarías, gloria.*

Gracias de la Resurrección, descended a mi alma y hacedla verdaderamente fiel.

12.ª decena. – Os ofrecemos, Señor nuestro Jesucristo, esta duodécima decena en honor de vuestra gloriosa Ascensión. Y os pedimos, por este misterio y por la intercesión de vuestra santísima Madre, una firme esperanza y un gran deseo del cielo.

*Un padrenuestro, diez avemarías, gloria.*

Gracias del misterio de la Ascensión de Jesucristo, descended a mi alma y hacedla verdaderamente celeste.

13.ª decena. – Os ofrecemos, Espíritu Santo, esta decimotercera decena, en honor del misterio de Pentecostés. Y os pedimos, por este misterio y por intercesión de María, vuestra fiel esposa, la divina sabiduría para conocer, gustar y practicar la verdad y hacer partícipe de ella a todo el género humano.

*Un padrenuestro, diez avemarías, gloria.*

Gracias de Pentecostés, descended a mi alma y hacedla verdaderamente sabia según Dios.

14.ª decena. – Os ofrecemos, Señor nuestro Jesucristo, esta decimocuarta decena en honor de la Inmaculada Concepción y de la Asunción de vuestra santísima Madre, en cuerpo y alma a los cielos. Y os pedimos, por estos misterios y por su intercesión, una verdadera devoción a Ella, para bien vivir y morir.

*Un padrenuetro, diez avemarías, gloria.*

Gracias de la Inmaculada Concepción y de la

Asunción de María, descended a mi alma y hacedla verdaderamente devota de María.

15.ª decena. – Os ofrecemos, Señor nuestro Jesucristo, esta decimoquinta y última decena en honor de la Coronación de vuestra santísima Madre en los cielos. Y os pedimos por este misterio y por la intercesión suya, el progreso y la perseverancia en la virtud hasta la muerte y la corona eterna que nos está preparada. Os pedimos la misma gracia para todos nuestros bienhechores.

*Un padrenuestro, diez avemarías, gloria.*

Os pedimos, oh buen Jesús, por los quince misterios de vuestra vida, Pasión, muerte y gloria y los méritos de vuestra santísima Madre, que convirtáis a los pecadores, auxiliéis a los agonizantes, libertéis a las almas del purgatorio y nos deis a todos vuestra gracia para bien vivir y morir y vuestra gloria para veros cara a cara y amaros durante la eternidad. Así sea.

Dios sólo.

## Ampliación recomendada por Juan Pablo II

### *Misterios Luminosos*

El Papa, probablemente tuvo en cuenta la obra de San Luis María Grignion de Montfort: «Compendio de la vida, pasión y muerte de Nuestro Señor Jesucristo y de la Gloria de Jesús y María en el Santo Rosario», para desarrollar los nuevos misterios de Luz o luminosos. Pues estos cinco misterios están allí contenidos en el apartado VI, correspondiente al 5° misterio de Gozo: «Hallazgo de Jesús en el templo». Hay allí para cada una de las avemarías, la siguiente honra o intención:

1.ª Para honrar su vida oculta, laboriosa y obediente en la casa de Nazaret.

2.ª Para honrar su predicación y su hallazgo en el templo entre los doctores.

3.ª Para honrar su ayuno y tentaciones en el desierto.

4.ª Para honrar su bautismo por San Juan Bautista.

*Actual 1.er misterio de Luz.*

5.ª Para honrar su predicación admirable.

*Actual 3.er misterio de Luz.*

6.ª Para honrar sus milagros portentosos.

*Actual 2.° misterio de Luz.*

7.ª Para honrar la elección de sus doce Apóstoles y los poderes que les da.

8.ª Para honrar su transfiguración maravillosa.

*Actual 4.° misterio de Luz.*

9.ª Para honrar el lavatorio de los pies a sus Apóstoles.

10.ª Para honrar la institución de la Sagrada Eucaristía.

*Actual 5.° misterio de Luz.*

## Primer método (continuación)
## Ofrecimiento particular de las decenas

16.ª decena – Os ofrecemos, Señor nuestro Jesucristo, esta decimosexta decena en honor de vuestro humilde Bautismo en el Jordán. Y os pedimos, por este misterio y por la intercesión de vuestra santísima Madre, una vivencia de nuestras promesas del Bautismo.

*Un padrenuestro, diez avemarías, gloria*

Gracias del Bautismo del Señor, descended a mi alma y hacedla verdaderamente consecuente a la voluntad de Dios.

17.ª decena – Os ofrecemos, Señor nuestro Jesucristo, esta decimoséptima decena en honor de vuestra primera manifestación en Caná de Galilea. Y os pedimos, por este misterio y por la intercesión de vuestra santísima Madre, una confianza plena en Su intercesión.

*Un padrenuestro, diez avemarías, gloria.*

Gracias de la Boda de Caná, descended a mi alma y hacedla verdaderamente entregada a la Santísima Virgen.

18.ª decena – Os ofrecemos, Señor nuestro Jesucristo, esta decimoctava decena en honor de vuestro anuncio del Reino de Dios. Y os pedimos, por este misterio y por la intercesión de vuestra santísima Madre, una docilidad total a la palabra de Dios.

*Un padrenuestro, diez avemarías, gloria.*

Gracias del anuncio del Reino de Dios, descended a mi alma y hacedla verdaderamente conversa de corazón.

19.ª decena – Os ofrecemos, Señor nuestro Jesucristo, esta decimonona decena en honor de vuestra transfiguración. Y os pedimos, por este misterio y por la intercesión de vuestra santísima Madre, una esperanza firme de la gloria con Jesús.

*Un padrenuestro, diez avemarías, gloria.*

Gracias de la transfiguración en el monte Tabor, descended a mi alma y hacedla verdaderamente animosa para llevar la cruz.

20.ª decena – Os ofrecemos, Señor nuestro Jesucristo, esta vigésima decena en honor de la institución de la Santísima Eucaristía. Y os pedimos, por este misterio y por la intercesión de vuestra santísima Madre, sentirnos amados de Jesús.

*Un padrenuestro, diez avemarías, gloria.*

Gracias de la institución de la Santísima Eucaristía, descended a mi alma y hacedla verdaderamente amante de todos los hermanos.

## SEGUNDO Y MÁS BREVE MÉTODO

### PARA CELEBRAR LA VIDA, MUERTE Y GLORIA DE JESÚS Y MARÍA, REZANDO EL SANTO ROSARIO, Y PARA DISMINUIR LAS DISTRACCIONES DE LA IMAGINACIÓN

A cada avemaría de cada diez, hay que añadir una palabrita que nos traiga a la memoria el misterio que se celebra en la decena; añadir esta palabra a la mitad del avemaría, después del nombre de «Jesús».

«Y bendito es el fruto de tu vientre...»

Misterios de Gozo – Lunes y Sábado
*Jesús encarnado*, en la 1.ª decena.
*Jesús santificador*, en la 2.ª.
*Jesús pobre niño*, en la 3.ª.
*Jesús sacrificado*, en la 4.ª.
*Jesús santo de los santos*, en la 5.ª.

Misterios de Dolor – Martes y Viernes
*Jesús agonizante*, en la 6.ª.
*Jesús azotado*, en la 7.ª.
*Jesús coronado de espinas*, en la 8.ª.
*Jesús cargado con la cruz*, en la 9.ª.
*Jesús crucificado*, en la 10.ª.

Misterios de Gloria – Miércoles y Domingo
*Jesús resucitado*, en la 11.ª.
*Jesús que sube a los cielos*, en la 12.ª.
*Jesús que te llena del Espirítu Santo*, en la 13.ª.
*Jesús que te resucita*, en la 14.ª.
*Jesús que te corona*, en la 15.ª.

Misterios de Luz – Jueves
*En las decenas recomendadas por el Papa Juan Pablo II, la Sociedad Grignion de Montfort aconseja decir:*
*Jesús bautizado*, en la 16.ª.
*Jesús que se manifiesta Dios*, en la 17.ª.
*Jesús que te proclama el Reino de Dios*, en la 18.ª.
*Jesús transfigurado*, en la 19.ª.
*Jesús que se te da Hombre y Dios verdadero*, en la 20.ª.

Después, al fin de la primera corona, se dice:
*Gracias de los misterios gozosos, descended a nuestras almas y volvedlas verdaderamente santas.*

Al fin de la segunda corona, se dice:
*Gracias de los misterios dolorosos, descended a nuestras almas y hacedlas verdaderamente pacientes.*

Al fin de la tercera corona, se dice:
*Gracias de los misterios gloriosos, descended a nuestras almas y hacedlas eternamente bienaventuradas.*

Al fin de la cuarta corona, se dice:

*Gracias de los misterios luminosos, descended a nuestras almas y hacedlas verdaderamente misioneras.*

Así sea.

## REGLAS PRINCIPALES DEL SANTO ROSARIO

1.ª Hacerse apuntar en el libro de la cofradía, confesarse, comulgar y rezar el Santo Rosario ese mismo día si se puede.

2.ª Llevar una corona o rosario bendito.

3.ª Rezar el Santo Rosario todos los días, o a lo menos todas las semanas.

4.ª Confesarse y comulgar –si se puede– los primeros domingos de mes y asistir a las procesiones del Santo Rosario.

Tened en cuenta que ninguna de estas reglas obliga bajo pecado.

# ÍNDICE DE LAS INDULGENCIAS DEL SANTÍSIMO ROSARIO[1]

## PRIMERA PARTE

## Indulgencias propias de los cofrades

---

### I

### A los que se inscriben en la Cofradía

1. Indulgencia plenaria si, después de confesarse y comulgar, son recibidos en la Cofradía. (Gregorio XIII, *Gloriosi,* 15-7-1579.)

2. Indulgencia plenaria si, inscritos legítimamente y confesándose, reciben la Sagrada Comunión en la iglesia o capilla de la Cofradía, rezan la tercera parte del Rosario y ruegan por las intenciones del Sumo Pontífice. (San Pío V, *Consueverunt,* 17-9-1569.)

Nota. – Los que se inscriben en la Cofradía pueden ganar estas indulgencias el día mismo de

---

1. Publicado por orden de León XIII, el 29-8-1899.

la inscripción o el domingo o día festivo inmediatamente siguiente. (S. C. I. Indulgencias 25-2-1848.)

## II

### A LOS QUE REZAN EL ROSARIO

#### A. – *En cualquier tiempo del año*

3. Indulgencia plenaria, una vez en la vida, si rezan el Rosario según los Estatutos de la Cofradía durante la semana. (Inocencio VIII, 15-10-1484.)

4. Si rezan el Rosario entero, ganan todas las indulgencias que se conceden en España a los que rezan la corona de la Bienaventurada Virgen María. (Clemente IX, *Esponi nobis,* 22-2-1668.)

5. Indulgencia de cincuenta años, una vez al día, rezando la tercera parte del Rosario en la capilla del Santísimo Rosario o por lo menos delante del altar de dicha capilla, o si viven fuera de la ciudad donde está erigida la Cofradía, en cualquier iglesia u oratorio público. (Adriano VI, *Illius qui,* 1-4-1523.)

6. Indulgencia de diez años y diez cuarentenas, si tres veces a la semana rezan el Rosario, por cada vez. (León X *Pastoris aeterni,* 6-10-1520.)

7. Indulgencia de siete años y siete cuarentenas por cada semana, si rezan el Rosario entero. (San Pío V, *Consueverunt*, 7-9-1569.)

8. Indulgencia de cinco años y cinco cuarentenas cada vez que, rezando el Rosario, digan devotamente, en la salutación angélica, el nombre de Jesús. (Pío IX, Decreto S. C. Indulgencias, 14-4-1856.)

9. Indulgencia de dos años rezando el Rosario entero durante la semana, distribuido en tres días, por cada uno de esos tres días en que rezan la tercera parte del Rosario. (Clemente VII, *Etsi temporalium*, 8-5-1534.)

10. Indulgencia de trescientos días si rezan la tercera parte del Rosario. (León XIII, 29-8- 1899.)

11. Indulgencia de cien días cada vez que muevan a otros a rezar la tercera parte del Rosario. (León XIII, 29-8-1899.)

12. Indulgencia de trescientos días, una vez al día, si los domingos o días festivos asisten en una iglesia de la Orden de Predicadores[2] al ejercicio de rezar o cantar procesionalmente cada una de las decenas del Rosario, delante de los respectivos misterios pintados en la pared o en cuadros. (S. C. Indulgencias, 21-5-1892.)

---

2. Dominicos.

### B. – *En ciertas fiestas y días del año*

13. Indulgencia plenaria, en la fiesta de la Anunciación de la Bienaventurada Virgen María, confesando, comulgando y rezando el Rosario. (San Pío V, *Iniunctum nobis,* 14-6-1566.)

14. Indulgencia de diez años y diez cuarentenas, en las fiesta de la Purificación, Asunción y Natividad de la Beata Virgen María, rezando el Rosario. (San Pío V, lug. cit.)

15. Indulgencia de diez años y diez cuarentenas, en las fiestas de la Resurrección, Anunciación y Asunción de la Beata Virgen María, rezando la tercera parte del Rosario. (San Pío V, *Consueverunt*, 17-9-1569.)

16. Indulgencia de siete años y siete cuarentenas en las demás fiestas de Nuestro Señor Jesucristo y de la Beata Virgen María, en las cuales se conmemoran los misterios del Rosario (a saber, de la Visitación, Navidad de Nuestro Señor, Purificación y Dolores de la Beata Virgen María, viernes de Pasión, Ascensión de Nuestro Señor, Pentecostés y Todos los Santos), rezando en esos días la tercera parte del Rosario por lo menos. (San Pío V, lug. cit.).

17. Indulgencia de siete años y siete cuarentenas en las fiestas de la Natividad, Anunciación, Asunción de la Beata Virgen María, rezando durante la semana el Rosario entero según el Estatuto de la Cofradía. (Sixto IV, *Pastoris aeterni,* 30-5-1478; León X, *Pastoris aeterni,* 30-10-1520.)

18. Indulgencia de cien días en las fiestas de la Purificación, Anunciación, Visitación, Asunción y Natividad de la Beata Virgen María. (León X, lug. cit.).

## III

### A los que van en la procesión del Santísimo Rosario

19. Indulgencia plenaria confesando, comulgando, asistiendo a la procesión el primer domingo del mes, rogando al mismo tiempo por las intenciones del Sumo Pontífice y visitando además la capilla del Santísimo Rosario. (Gregorio XIII, *Ad augendam*, 24-12-1583.)

Nota. – Esta misma indulgencia la pueden ganar los cofrades caminantes, navegantes o sirvientes (entre los cuales se cuentan los militares en acto de servicio) rezando el Rosario entero; los enfermos o legítimamente impedidos, rezando la tercera parte del Rosario. (Gregorio XIII, *Cupientes*, 24-12-1583.)

20. Indulgencia plenaria asistiendo a la procesión en las fiestas de la Purificación, Anunciación, Visitación, Asunción, Natividad, Presentación e Inmaculada Concepción de la Beata Virgen María. (Pío IV, *Dum praeclara*, 28-2-1561, o en otro día durante las octavas de esas fiestas, S. C. Indulgencias, 25-3-1580.)

21. Indulgencia de cinco años asistiendo a la procesión y dando de las limosnas de la Cofradía dotes a doncellas vírgenes para su matrimonio. (Gregorio XIII, *Desiderantes,* 22-3-1580.)

22. Indulgencia de cien días asistiendo a la procesión los días prescritos. (Gregorio XIII, *Cum sicut*, 3-1-1579.)

23. Indulgencia de sesenta días asistiendo a las procesiones ordinarias de la Cofradía, o cualesquiera otras celebradas con licencia del Ordinario, o también acompañando al Santísimo Sacramento llevado a los enfermos. (Gregorio XIII, *Gloriosi*, 15-7-1579.)

## IV

### A los que visitan la iglesia o capilla de la Cofradía

24. Indulgencia plenaria confesando, comulgando, visitando la capilla el primer domingo de mes y rogando allí por las intenciones del Sumo Pontífice. (Gregorio XIII, *Ad augendam,* 12-3-1577.)

Nota. – Los cofrades enfermos que no pueden ir a la iglesia ganan esta indulgencia confesando, comulgando y rezando en casa delante de una imagen el Rosario (esto es, la tercera parte: S. C. I., 25-2-1877, ad 6), o los siete salmos penitenciales. (Gregorio XIII, lug. cit, *Ad augendam,* 8-11-1578.)

25. Indulgencia plenaria confesando, comulgando, asistiendo algún tiempo a la exposición del Santísimo Sacramento, que con licencia del Ordinario se hace el primer domingo de cada mes en la iglesia de la Cofradía, y rogando allí por las intenciones del Sumo Pontífice. (Gregorio XVI, *Ad augendam*, 17-12-1833.)

26. Indulgencia plenaria, confesando, comulgando, visitando la iglesia o capilla de la Cofradía y rogando allí por la intención del Sumo Pontífice, entre las primeras vísperas y la puesta del sol de las siguientes fiestas: Natividad, Epifanía, Resurrección, Ascensión y Pentecostés; además, en dos viernes de Cuaresma a elegir, en la fiesta de Todos los Santos y una vez durante la octava de la Conmemoración de todos los fieles difuntos. (Gregorio XIII, *Pastoris Aeterni*, 5-5-1582; Gregorio XVI, *Ad augendam*, 17-12-1833; S.C.I., 12-5-1851.)

27. Indulgencia plenaria, con las mismas condiciones, entre las primeras vísperas y la puesta del sol de las fiestas de la Inmaculada Concepción, Natividad, Presentación, Anunciación, Visitación, Purificación, Asunción y Siete Dolores de la Beata Virgen María (viernes de Pasión). (Gregorio XIII, lug. cit.; Clemente VIII, *De Salute*, 18-1-1593; Gregorio XVI, lug. cit.).

Nota. – a) La indulgencia plenaria en las fiestas de la Concepción, Natividad, Presentación, Anunciación, Visitación, Purificación y Asunción pueden también ganarse durante la octava, pero una vez solamente en cada octava. (S. C. Indulgencias, 25-2-1848.)

Nota. – b) La indulgencia plenaria en las fiestas de la Resurrección, Ascensión, Pentecostés, Inmaculada Concepción, Natividad, Anunciación, Visitación, Purificación, Presentación y Asunción y la de los dos viernes de Cuaresma se pueden también ganar visitando cualquier otra iglesia u oratorio público. (S. C. Indulgencias, 12- 5-1851.)

Nota. – c) En cuanto a los caminantes, navegantes, sirvientes, enfermos o impedidos legítimamente por otras causas, para ganar las indulgencias concedidas a los que visitan la iglesia o capilla del Santísimo Rosario en los días en que se conmemoran los misterios del Rosario, se ha de tener presente lo mismo que se dijo de los cofrades que no pueden asistir a la procesión (n-14). (Sixto V, *Dun ineffabilia*, 30-1-1586.)

28. Indulgencia plenaria, con las mismas condiciones, el domingo infraoctava de la Natividad de la Beata Virgen María. (Clemente VIII, *Ineffabilia*, 12-5-1598.)

29. Indulgencia plenaria, con las mismas condiciones, el domingo tercero de abril, entre las primeras vísperas y la puesta del sol. (Gregorio XIII, *Cum sicut*, 3-1-1579.)

30. Indulgencia de siete años y siete cuarentenas, confesando, comulgando, visitando la capilla o altar de la Cofradía y rogando allí por la intención del Sumo Pontífice, en las fiestas de Navidad, Resurrección, Pentecostés, Inmaculada

Concepción, Natividad, Anunciación, Visitación y Asunción de la Beata Virgen María, y en la de Todos los Santos. (Clemente VIII, *Salvatoris*, 13-1-1593 *De salute*, 18-1-1593.)

31. Indulgencia de cien días por cada día en que visiten los cofrades la capilla o el altar del Santísimo Rosario, rogando allí por las intenciones del Sumo Pontífice. (Gregorio XIII, *Cum sicut*, 3-1-1579.)

Nota. – a) Las religiosas que viven en clausura, los jóvenes de uno y otro sexo que viven en colegios, seminarios, conservatorios y, en fin, todas las personas que viven en establecimientos de los cuales no pueden salir libremente, y aún más los miembros de las sociedades católicas, pueden ganar todas las indulgencias para las cuales se prescribe la visita a la iglesia, o capilla de la Cofradía, si, estando inscritos legítimamente, visitan su propia iglesia, capilla u oratorio. (S. C. Indulgencias, 11-8-1871; 8-2-1874.)

Nota. – b) Los cofrades enfermos o impedidos por cualquier causa de recibir la Sagrada Comunión o de visitar la iglesia pueden ganar las indulgencias para las cuales se prescriben estas condiciones practicando alguna obra piadosa impuesta por el confesor.

Como en algunas fiestas se concede no sólo indulgencia plenaria, sino también otra parcial a los que visiten la iglesia o capilla del Santísimo Rosario, es necesario para ganar esa otra que la visita sea distinta.

## V

### A los que visitan cinco altares

32. Los cofrades que visitan cinco altares de cualquier iglesia u oratorio público, o cinco veces uno o dos altares donde no haya cinco, ganan las mismas indulgencias que ganarían si visitasen las Estaciones de Roma. (León X, 22-5-1518.)

## VI

### A los que dicen u oyen la Misa votiva del Santísimo Rosario

33. Los sacerdotes cofrades que celebren en el altar del Santísimo Rosario la Misa votiva contenida en el misal romano, según el tiempo (la cual puede celebrarse dos veces cada semana), y los otros cofrades que asistan a esa Misa y rueguen a Dios en ella, ganan todas las indulgencias concedidas a los que rezan el Rosario entero. (León XIII, *Ubi primum*, 2-10-1898.)

34. A los que tienen la costumbre de celebrar u oír esta Misa se les conceden todas las indulgencias que ganan los que asisten a la procesión del primer domingo de cada mes, una vez al mes en el día en que se confiesen y comulguen. (Clemente X, *Coelestium munerum*, 16-2-1671.)

35. Indulgencia de un año a los que en los sábados de Cuaresma asisten juntamente a la Misa, al sermón de la Beata Virgen María y a la antífona «Salve Regina». (Gregorio XIII, *Desiderantes*, 22-3-1580.)

## VII

### A LOS QUE PRACTICAN LA DEVOCIÓN DE LOS QUINCE SÁBADOS DEL SANTÍSIMO ROSARIO

36. Indulgencia plenaria en tres sábados al arbitrio de cada uno, si durante quince sábados consecutivos (ya sean los que preceden a la fiesta del Santísimo Rosario, o de cualquier otro tiempo del año) se confiesan, comulgan, visitan la iglesia de la Cofradía y ruegan allí por las intenciones del Sumo Pontífice. (S. C. Indulgencias, 12-12-1849.)

37. Indulgencia de siete años y siete cuarentenas en los otros doce sábados no comprendidos en el número 36. (S. C. Indulgencias, 12-12-1849.)

## VIII

### A los que practican ciertas devociones durante el mes del Rosario

38. Indulgencia plenaria, un día del mes de octubre de libre elección, confesando, comulgando, rogando por la intención del Sumo Pontífice y asistiendo diez veces, por lo menos, al ejercicio del mes de octubre que se suele celebrar en las iglesias de la Orden de Predicadores. (S. C. Indulgencias, 31-8-1885.)

39. Indulgencia de siete años y siete cuarentenas cada vez que asisten a los ejercicios que se suelen practicar diariamente durante el mes de octubre en las iglesias de la Orden de Predicadores. (S. C. Indulgencias, 31-8-1885.)

## IX

### A los que asisten a la antífona «Salve Regina» cantada

40. Indulgencia de tres años y tres cuarentenas, en las fiestas universales de la Beata Virgen. María (S. C. Indulgencias, 18-9-1862, ad 4), en las natalicias de los Apóstoles y en las de los santos de la Orden de Predicadores (Clemente VIII, *Ineffabilia,* 12-2-1598), si asisten en la iglesia de la

Cofradía, con vela encendida (o donde no, añadiendo un avemaría), a la antífona «Salve Regina» que se suele cantar.

41. Indulgencia de cien días, todos los días del año, asistiendo al rezo de esta antífona después de Completas. (Clemente VIII, lug. cit.)

42. Indulgencia de cuarenta días en todos los sábados y días festivos del año. (León X, *Pastoris aeternis,* 6-10-1520.)

Nota. – Los impedidos legítimamente de asistir en la iglesia al rezo de la antífona pueden ganar las indulgencias de los núms. 40 y 41 rezándola de rodillas delante de un altar o imagen de la Beata Virgen María. (Clemente VIII, *Ineffabilia*, 12-2-1598.)

## X

### A los que hacen oración mental u otros ejercicios espirituales

43. Indulgencia plenaria haciendo cada día, durante un mes entero, media hora o por lo menos un cuarto de hora de oración mental, y confesando y comulgando en un día del mes de libre elección. (Clemente X, *Ad ea*, 28-1-1671.)

44. Indulgencia plenaria, una vez al año en un día de libre elección, si, en memoria de los cuarenta días que estuvo Cristo Nuestro Señor en el desierto, se ejercitan durante otros tantos días en

la oración, mortificación y otras obras piadosas. (Pío VII, *Ad augendam*, 16-2-1808.)

45. Indulgencia de siete años y siete cuarentenas cada vez que dediquen media hora a la oración mental. (Clemente X, *Ad ea*, 28-1-1671.)

46. Indulgencia de cien días cada vez que consagren un cuarto de hora a la oración mental. (Clemente X, lug. cit.)

## XI

### A LOS QUE VISITAN A LOS COFRADES ENFERMOS

47. Indulgencia de tres años y tres cuarentenas cada vez que visiten a los cofrades enfermos. (Clemente VIII, *Ineffabilia,* 12-2-1598. )

48. Indulgencia de cien días si exhortan a los cofrades enfermos a recibir los Santos Sacramentos. (Gregorio XIII, *Cum sicut,* 3-1-1579.)

# XII

## A LOS QUE RUEGAN POR LAS ALMAS DE LOS COFRADES DIFUNTOS

49. Indulgencia plenaria, en uno de los cuatro días (4 de febrero, 12 de julio, 5 de septiembre, 10 de noviembre) en que se suele celebrar en las iglesias públicas de los religiosos y religiosas de la Orden de Predicadores, el oficio de difuntos, asistiendo a él, confesando, comulgando y rogando por las intenciones del Sumo Pontífice. (Pío VII, *Ad augendam,* 11-2-1808.)

50. Indulgencia de ocho años si asisten a las exequias siguiendo la procesión que en sufragio de los difuntos se hace cada sábado o una vez al mes por el claustro o iglesia de la Cofradía. (Gregorio XIII, *Desiderantes,* 22-3-1580.)

51. Indulgencia de tres años y tres cuarentenas cada vez que acompañen el cadáver de un cofrade difunto a la iglesia de la Cofradía. (Clemente VIII, *Ineffabilia,* 12-2-1598.)

52. Indulgencia de cien días si acompañan a la sepultura los cadáveres de los cofrades con el estandarte de la Cofradía, o si asisten a los aniversarios que se celebran por las almas de los cofrades difuntos, rogando en ellos por las intenciones del Sumo Pontífice. (Gregorio XIII, *Cum sicut,* 3-1-1579.)

## XIII

### A LOS QUE PRACTICAN CUALQUIER OBRA DE PIEDAD O CARIDAD

53. Indulgencia de sesenta días cada vez que los cofrades practiquen alguna obra de piedad o caridad. (Gregorio XIII, *Gloriosi,* 15-7- 1579.)

## XIV

### A LOS MORIBUNDOS

54. Indulgencia plenaria, aplicada por un sacerdote, según la fórmula común, aun fuera de la confesión, si el moribundo tenía la costumbre de rezar el Rosario durante la semana. (Inocencio VIII, 13-10-1483; S. C. Indulgencias, Decreto 10-8-1899.)

55. Indulgencia plenaria si mueren teniendo en la mano la vela bendita del Santísimo Rosario, con tal que por lo menos una vez en la vida hayan rezado el Rosario entero. (Adriano VI, *Illius qui,* 1-4-1523.)

56. Indulgencia plenaria si reciben los sacramentos de la Penitencia y la Eucaristía. (San Pío V, *Consueverunt,* 17-9-1569.)

57. Indulgencia plenaria si, contritos, invocan el Santísimo Nombre de Jesús al menos de corazón si no pueden de boca. (León XIII, Rescr. S. C. Indulgencias, 10-8-1899.)

58. Indulgencia plenaria si, recibidos los sacramentos de la Iglesia Romana y rezando la antífona «Salve Regina», se encomiendan a la Santísima Virgen. (Clemente VIII, *Ineffabilia,* 12-2-1598.)

Nota. – Aunque se han enumerado aquí muchas indulgencias plenarias a la hora de la muerte, sin embargo, según los decretos de la S. C. Indulgencias, sólo se puede ganar una en el artículo de la muerte, bajo una u otra condición entre las varias arriba enumeradas.

## XV

### Por los difuntos

59. En las iglesias de la Orden de Predicadores, el altar del Santísimo Rosario es privilegiado para los sacerdotes de la misma Orden por el alma de cualquier cofrade. (Gregorio XIII, *Omnium saluti,* 1-9-1582.)

60. En las iglesias de la Cofradía el altar del Santísimo Rosario es privilegiado para los sacerdotes cofrades, no sólo en favor de los cofrades difuntos, sino también de cualquier difunto, aunque exista otro altar privilegiado en la misma iglesia. Aún más, si en la iglesia no hay otro altar privilegiado que el del Santísimo Rosario, éste es privilegiado además para cual-

quier sacerdote aunque no sea cofrade y en favor de cualquier fiel difunto. (S. C. Indulgencias, *Cameracen,* 7-6-1842; Pío IX, *Omnium saluti,* 3-3-1857.)

## SEGUNDA PARTE

### Indulgencias comunes a los cofrades y a los otros fieles

---

61. Indulgencia de siete años y siete cuarentenas asistiendo a la procesión el primer domingo del mes. (San Pío V, *Consueverunt,* 17-9-1569.)

62. Indulgencia plenaria tantas veces cuantas visiten, el día de la fiesta del Rosario, entre las primeras Vísperas y la puesta del sol, la capilla de la Cofradía (o la imagen de la Beata Virgen María allí expuesta: S. C. Indulgencias, 25-1-1866), en memoria de la victoria obtenida contra los turcos en Lepanto con la ayuda del Rosario, confesando además, comulgando y rogando en la capilla por las intenciones del Sumo Pontífice. (San Pio V, *Salvatoris,* 5-3-1572; S. C. Indulgencias, 5-4-1869, 7-7-1885.)

Nota. – Para ganar la indulgencia anterior puede anticiparse la confesión al viernes inmediato precedente a la fiesta del Santísimo Rosario. (León XIII, Rescr. S. C. Indulgencias, 19-8-1899.)

63. Indulgencia plenaria, en un día de la octava de la fiesta del Santísimo Rosario al arbitrio de

cada uno, si, recibidos los Santos Sacramentos, visitan la capilla del Santísimo Rosario o la imagen de la Beata Virgen María en ella expuesta, rogando allí por las intenciones del Sumo Pontífice. (Benedicto XIII, *Pretiosus,* 30-5-1727; S. C. Indulgencias, 7-7-1885.)

64. Indulgencia con las mismas condiciones en la fiesta del Corpus Christi y en la fiesta del santo titular de la iglesia. (Gregorio XIII, *Desiderantes,* 22-3-1580.)

Nota. – Todas y cada una de las indulgencias contenidas en este índice pueden aplicarse por vía de sufragio de las almas del Purgatorio, a excepción de la indulgencia plenaria en el artículo de la muerte. (Inocencia XI, *Ad ea,* 15-6-1679.)

# APÉNDICE

La Sagrada Congregación de Indulgencias, por su rescripto del 29 de agosto de 1899, reconoció además como auténtico y permitió publicar el siguiente

## Sumario de las indulgencias concedidas a todos los fieles por la devoción del Santísimo Rosario

---

1. Indulgencia plenaria, una vez al año, si cada día rezan la tercera parte del Rosario usando uno bendecido por un religioso de la Orden de Predicadores o por otro sacerdote delegado. (*Raccolta,* edición 1898, núm. 194.)

2. Indulgencia de cien días por cada padrenuestro y por cada avemaría si rezan el Rosario entero, o por lo menos la tercera parte, usando un Rosario bendecido por un sacerdote dominico u otro delegado. (Ibíd.)

3. Indulgencia de cinco años y cinco cuarentenas cada vez que rezan la tercera parte del Rosario. (Ibíd.)

4. Indulgencia de diez años y diez cuarentenas, una vez al día, si juntamente con otros rezan la tercera parte del Rosario, ya sea en casa, ya en la iglesia o en un oratorio público o privado. (Ibíd.)

5. Indulgencia plenaria el último domingo de cada mes si a lo menos tres veces a la semana rezan juntamente con otros la tercera parte del Rosario, sea en casa, en la iglesia o en cualquier oratorio, y el domingo último indicado, recibidos los Santos Sacramentos, visitan una iglesia u oratorio público y ruegan allí según la mente del Sumo Pontífice. (Ibíd.)

6. Indulgencia plenaria en uno de quince sábados consecutivos, elegido al arbitrio de cada uno, si en cada sábado reciben los Sacramentos y rezan la tercera parte del Rosario, o conmemoran devotamente de otra manera los misterios del mismo. (Ibíd., núm. 197.)

Nota. – Cada vez que los fieles están legítimamente impedidos de hacer dicho ejercicio el día de sábado, pueden hacerlo en domingo, sin perder las indulgencias. (Ibíd.)

7. Indulgencia de siete años y siete cuarentenas todos los sábados no comprendidos en el número anterior. (Ibíd.)

8. Indulgencia plenaria si en cualquier tiempo del año consagran nueve días a la Reina del Santísimo Rosario, practicando en su honor algunos ejercicios piadosos, rezando oraciones aprobadas por la autoridad legítima, un día al arbitrio

de cada uno entre los de la novena o de los ocho inmediatos siguientes, confesando, comulgando y rogando según la intención del Sumo Pontífice. (Ibíd., núm. 149.)

9. Indulgencia de trescientos días en todos los demás días de la novena practicando las devociones dichas en cada uno de ellos. (Ibíd.)

## A LOS QUE REZAN LA TERCERA PARTE DEL ROSARIO EN EL MES DE OCTUBRE

El Papa León XIII (1 septiembre 1883, 20 agosto 1885, 23 julio 1898) concedió perpetuamente las indulgencias siguientes. (*Raccolta*, núm. 195.)

10. Indulgencia plenaria si el día de la fiesta de Nuestra Señora del Rosario, u otro día durante la octava, reciben debidamente los Sacramentos, visitan alguna iglesia y ruegan por las intenciones del Sumo Pontífice, con tal que además recen en público, en algunas iglesias o en privado, la tercera parte del Rosario el mismo día de la fiesta y cada uno de los días de la octava.

11. Indulgencia plenaria si después de la octava de la fiesta del Santísimo Rosario rezan la tercera parte del Rosario diez veces por lo menos durante el mes de octubre, bien en público en una iglesia, bien en privado, y en un día a su arbitrio reciben los Sacramentos, visitan una iglesia y

ruegan allí por las intenciones del Sumo Pontífice.

12. Indulgencia de siete años y siete cuarentenas en cada uno de los días del mes de octubre rezando públicamente en una iglesia, o privadamente, la tercera parte del Rosario.

Nota. – Todas y cada una de las indulgencias contenidas en este sumario son aplicables a las almas del purgatorio. *(Raccolta,* edición citada, p. XXII, núm. 4)

## Adición importante al catálogo de indulgencias

Su Santidad el Papa Pío XI concedió indulgencia plenaria cada vez que se rece el Rosario delante del Santísimo Sacramento.

A.M.D.G.

## NOTA EDITORIAL

Al final de esta obra valga la siguiente consideración:

La terminología de Montfort y su mundo cultural están algo alejados de la sensibilidad contemporánea; pero es tan rico su mensaje que se impone un trabajo de reflexión y traducción, a fin de guardar las luminosas intuiciones de Montfort sobre el Santísimo Rosario, pero integrándolas en un marco por completo diferente. Grignion de Montfort permanece siempre como un gran maestro espiritual, con la estatura del profeta que lanza un grito de esperanza y nos interpela para realizar una iglesia renovada, santa y misionera, donde María sea reconocida como modelo y el Rosario como un camino apropiado para vivir una vida según el Espíritu del Señor.

www.ingramcontent.com/pod-product-compliance
Lightning Source LLC
LaVergne TN
LVHW041942100826
845152LV00003B/62

*9781648372087*